Ulrich Koglin · Achim Tacke

landpartie

Im Norden unterwegs

Ulrich Koglin · Achim Tacke

landpartie

Im Norden unterwegs

100 schöne Ausflugsziele im Norden

schlütersche

Bibliografische Information der Deutschen Nationalbibliothek
Die Deutsche Nationalbibliothek verzeichnet diese Publikation in der Deutschen Nationalbibliografie; detaillierte bibliografische Daten sind im Internet über http://dnb.ddb.de/ abrufbar.

ISBN 978-3-89993-730-5

Verlag: Schlütersche Verlagsgesellschaft mbH & Co. KG,
Hans-Böckler-Allee 7, 30173 Hannover

Herausgeber: Norddeutscher Rundfunk Hamburg

Lizenziert durch Studio Hamburg Distribution & Marketing GmbH

Begleitartikel rund um den NDR finden Sie unter www.ndrshop.de

VHS/DVD-Kopien der Landpartie-Sendungen erhalten Sie beim
NDR Mitschnittservice, Hugh-Greene-Weg 1, D-22529 Hamburg
Telefon: 01805 117771 (bundesweit 12 Cent/Min.), Fax: +4940 41566461
E-Mail: mitschnittservice@ndr.de

Koordination:	Petra Rönnfeldt, Studio Hamburg Distribution & Marketing GmbH Mark Wachsmann, Schlütersche Verlagsgesellschaft mbH & Co. KG
Text:	Ulrich Koglin und Achim Tacke, unter Mitwirkung von Annerose Sieck
Lektorat:	Ulla Nedebock, Radolfzell
Fotos:	Ingo Wandmacher, Bad Schwartau
Karten:	Michael Fröhlich, Hannover
Innengestaltung:	Michael Fröhlich, Hannover
Satz und Litho:	PER Medien+Marketing GmbH, Braunschweig
Druck und Bindung:	Rasch Druckerei und Verlag GmbH & Co. KG, Bramsche

Inhalt

Vorwort

Wo ist es im Norden Deutschlands am schönsten? Das werde ich oft von Zuschauern gefragt und jedes Mal fällt es mir extrem schwer, darauf zu antworten. Ist es die Ostseeküste mit ihren wunderschönen feinen Sandstränden auf dem Darß, Usedom und Rügen? Oder doch lieber die Nordsee mit ihren einmaligen Halligen und Inseln und dem ewigen Wechsel der Gezeiten? Sind es die Hansestädte wie Lübeck, Stralsund oder Rostock? Oder die Wälder und klaren Bäche im Harz? Ist es ein blühendes Rapsfeld in Schleswig-Holstein oder die Mecklenburger Seenplatte im Herbst, ist es die Lüneburger Heide oder sind es die Elbdeiche und der Hamburger Hafen?

Ja, ich kenne Norddeutschland durch meine rund 100 Landpartien quer durch Niedersachsen, Schleswig-Holstein, Mecklenburg-Vorpommern und Hamburg ziemlich gut. Einmal im Monat sonntags um 20.15 Uhr begleiten mich die NDR-Zuschauer, wenn ich in einer norddeutschen Region mit meinem Fahrrad auf Entdeckungstour gehe. Sie können mir glauben, schön ist es in jeder Region!

Passend zum 10. Geburtstag und der 100. Sendung unserer „NDR Landpartie" finden Sie in diesem Buch 100 Anregungen, um den Norden mit all seinen schönen Seiten kennen zu lernen. Bei unseren Landpartien haben wir so viele schöne Momente erlebt, dass es problemlos 1000 Ausflugstipps hätten werden können! Ich bin mir jedoch sicher, dass Sie unsere Auswahl mit Ihren ganz eigenen Ausflugs-Tipps ergänzen werden – ganz nach unserem Motto „Im Norden unterwegs".

Viel Spaß bei Ihrer eigenen Landpartie, mit oder ohne Fahrrad, wünscht Ihnen

Ihre Heike Götz

FREDEBURG

Wo kommt der Käse her?

Bei Freunden unverfälschter Landschaften hinterlässt der Naturpark Lauenburgische Seen im Südosten Schleswig-Holsteins einen unvergesslichen Eindruck. Die reizvolle Mischung aus Mooren, Seen, Wäldern, Feuchtgebieten und Agrarland berührt alle Sinne und ist ideal zum Auftanken der gestressten Großstadtseele.

Das Naturerlebnis steht auch in Fredeburg im Vordergrund. Direkt an der alten Salzstraße zwischen Lüneburg und Lübeck (B 207) gelegen, gibt es eine kleine Herde der fast ausgestorbenen Wildrinder. Ein willkommenes Ausflugsziel für Familien mit Kindern. Zwei Gatter beherbergen eine Herde der größten Landsäugetiere Europas, enge Verwandte des amerikanischen Bisons. Hier – in menschlicher Obhut – können sich die bedrohten Wildrinder prächtig entwickeln. Mit einer Schulterhöhe von bis zu zwei Metern und einem Gewicht von fast einer Tonne sind die urtümlichen Tiere in jeder Jahreszeit eine Beobachtung wert. Auch im Wildschweingatter gegenüber grunzen die Borstentiere beim Umbrechen des Bodens zufrieden vor sich hin und lassen sich in aller Ruhe aus unmittelbarer Nähe beobachten.

Nicht nur etwas fürs Auge findet man in Fredeburg, auch für den hungrigen Magen ist gesorgt. Auf dem dortigen Demeterhof arbeiten rund 25 Menschen nach biologisch-dynamischen Grundsätzen, und im Hofladen kann man sich von den gesunden und schmackhaften Köstlichkeiten gleich etwas mitnehmen. Ob frisches Gemüse, Kartoffeln, Milchprodukte wie Käse oder Fleisch und Wurst aus eigener Aufzucht: Das kulinarische Angebot hat mittlerweile sogar schon Preise eingeheimst. Für Kinder gibt es einen ungewöhnlich fantasievoll gestalteten Naturspielplatz und beim Hofrundgang können Stadtkinder erstaunt feststellen, dass die Milch doch nicht aus der Tüte kommt … Und wer einfach nur Kaffee trinken will und regionale Hausmannskost liebt, der ist im »Fredenkrug« willkommen, einem traditionsreichen Ausflugsrestaurant.

Ein Ausflugsziel für Familien mit Kindern ist das Wisentgehege.

INFO

Wisentgehege Fredeburg
Revierförsterei Ravenskamp
23909 Fredeburg
Tel. 04541 3321

Demeterhof Domäne Fredeburg
Tel. 04541 862134
Fax 04541 862134
hofladen@domaene-fredeburg.de

LAUENBURG

Schifferstadt an der Elbe

Seinen Wohlstand im Mittelalter verdankte die Stadt am Oberlauf der Elbe zwei wichtigen Handelsrouten: Der Elbschifffahrt und der alten Salzstraße entlang des Stecknitzkanals. Vor 600 Jahren wurde die älteste Wasserstraße Deutschlands nach nur siebenjähriger Bauzeit vollendet: Sie verband Elbe und Trave und ermöglichte damit den reibungslosen Transport des für den Lübecker Handel so wichtigen Lüneburger Salzes. Die Salzkähne, so genannte Stecknitzprahme, wurden zunächst nur bergwärts, nach Bau der Kammerschleusen auch talwärts von Menschen oder Tieren getreidelt, also an langen Leinen gezogen. Noch heute ist die Palmschleuse als Teil des ursprünglichen Kanals erhalten.

Die Schiffergilde Lauenburgs besaß das Privileg, auf dem Kanal transportierte Waren weiter über die Elbe nach Hamburg zu verschiffen. Das Stapelrecht, eine Art Vorverkaufsrecht, sorgte für einen ansehnlichen wirtschaftlichen Aufschwung, der sich noch heute in den stattlichen Fachwerkhäusern der Elbstraße in der Unterstadt widerspiegelt.

Wie eng die Geschichte der Stadt mit der Binnenschifffahrt auf Elbe und Kanal verknüpft war und ist, vermittelt das Elbschifffahrtsmuseum im ehemaligen Rathaus. Fast alle Schiffstypen, die in Lauenburg festmachten, sind in Modellen oder Abbildungen vertreten, vom Segelkahn über Kettendampfer bis zum modernen Motorschiff. Eine besondere Rarität ist der über hundert Jahre alte Raddampfer Kaiser Wilhelm, den der Museumsverein vor der Verschrottung rettete. Jetzt tuckert das historische Schiff von Mai bis September regelmäßig nach Boizenburg, Bleckede, Hitzacker und Geesthacht. Beim Klatschen der Schaufelräder, den Rauchwolken aus dem Schornstein und dem Tuten der Signalpfeife kann man schon ins Schwärmen geraten. Bis heute bestimmt der breite Fluss den Puls der Stadt. An den Elbhängen wachsen mittlerweile sogar Weinreben. Der exklusive Tropfen »Stintfang Cuvée« vom »Südbalkon« Schleswig-Holsteins ist unter Kennern heiß begehrt. Weinbau am Elbhang – warum eigentlich nicht?

Mit Kohledampf elbaufwärts: der Raddampfer Kaiser Wilhelm.

INFO

Tourist-Information Lauenburg/Elbe
Amtsplatz 4
21481 Lauenburg/Elbe
Tel. 04153 51251
Fax 04153 5909299
touristik@lauenburg.de
www.lauenburg.de

SCHMILAU

Volle Kraft voraus

Für passionierte Aktivurlauber, aber auch Familien, die einfach nur nostalgischen Charme erleben möchten, bietet die Erlebnisbahn Ratzeburg ungewöhnliche Ausflugstouren durch die wunderschöne Landschaft des Naturparks Lauenburgische Seen. Und dies nicht nur im Sommer. Initiator der beliebten »Aktivausflüge« für die ganze Familie ist Oliver Victor, der selbst ganz zünftig in einem kleinen Bahnabteil des Schmilauer Waggondorfes lebt.

In Ratzeburg geht's los. Halt ist nach Fredeburg in Schmilau. Der Erlebnisbahnhof der kleinen Gemeinde südlich von Ratzeburg ist Ausgangspunkt für Rundtouren per Konferenzfahrrad nach Farchau und dann per Kanu über den Küchensee nach Ratzeburg. »Dreimuskeltour« nennt sich dieser Trip – und Tourenangebote dieser Art gibt es in Schmilau viele. Wer will, kann von hier aus auch mit einer Großdraisine auf den historischen Gleisen der ehemaligen »Kaiserbahn« in das neun Kilometer entfernte Hollenbek und zurück fahren. 12 bis 14 Personen haben auf einer Draisine Platz – während vier bis sechs Personen an Handhebeln »pumpen«, können die anderen auf der Reservebank sitzen und den Fahrtwind genießen. Die Draisine braucht viel Kraft, sodass man schon ganz schön ins Schwitzen gerät. Verdursten muss keiner: Getränke sind im Fahrpreis mit inbegriffen! Unterbrochen wird die Tour von mehreren Schranken. Während einer nach dem Verkehr guckt, stemmt ein anderer die Schranke hoch und dann geht's zügig über die Straße. In Hollenbek ist Verschnaufpause. Dort kann man entspannen, sich im Bogenschießen üben und sogar in scheinbar wild in Bäumen hängenden Bahnwaggons übernachten. Bei Kuchen und Grillspezialitäten können die Kräfte gestärkt werden, bevor es wieder zurück nach Schmilau geht.

Das Pumpen kann ganz schön schweißtreibend sein.

Bevor sich am nächsten Morgen der Muskelkater zeigt, kann man gleich gegenüber des Bahnhofs bei Familie Bockhoop auf riesigen Erdbeerfeldern die süßen Früchte selbst ernten. Oder wenn die Kraft nicht mehr reicht, im Bauernmarkt der Familie prall gefüllte Körbe kaufen.

INFO

Oliver Victor
Am Bahnhof im Zug
23911 Schmilau
Tel. 04541 898074
www.3muskelticket.de

Bockhop Erdbeeren
Randolph Bockhop
Möllner Str. 19a, 23911 Schmilau
www.frische-erdbeeren.de

RATZEBURG

Idyllische »Festung« im See

Die lediglich durch drei künstlich aufgeschüttete Dämme mit dem Umland verbundene Inselstadt Ratzeburg, eine ehemals wendische Inselfestung im gleichnamigen See, blickt mit Stolz auf ihre Geschichte. Schließlich hat der idyllische Ort es Heinrich dem Löwen zu verdanken, dass eines der bedeutendsten Werke romanischer Backsteinarchitektur, der Dom, heute hier sein Zuhause hat.

In Ratzeburg ist alles angenehm zu Fuß zu erreichen. Der Weg vom Dom, entlang des großen Ratzeburger Sees, führt zunächst zur Ruderakademie, Kaderschmiede des deutschen Rudersports. Wenige hundert Meter weiter, am Seeufer steht noch heute ein unscheinbarer Bootsschuppen – die Keimzelle des legendären »Goldachters«, der über Jahre Weltmeisterschaften und Olympische Spiele gewann. Am »Barlachblick« vorbei geht es dann über eine kleine Brücke auf den Lüneburger Damm zur Schlosswiese. Hier verkauft Fischer Rüdiger Jobmann in seinem kleinen reetgedeckten Laden Aale, Hechte, Karpfen und vor allem die Maränen, die er bei seinen täglichen Fangfahrten dem See entlockt. Seine gold geräucherten Maränen und seine sauer eingelegten Fischvariationen finden denn auch guten Absatz, auch im heimeligen Gartenlokal nebenan. Vieles, so auch die ostpreußisch eingelegten Maränen, wird nach alten Hausrezepten zubereitet. Die Gäste können an der idyllischen Fischerei am See sitzen und die Blicke schweifen lassen, Segelboote auf dem See zählen, den beiden Fischkuttern von Jobmann einen Besuch abstatten, sich vom Schiffsanleger Schlosswiese auf große Seerundfahrt begeben oder bei einer Vier-Seen-Fahrt über den großen Ratzeburger See, Domsee, großen und kleinen Küchensee schippern.

Die gold geräucherten Maränen finden reißenden Absatz.

Direkt neben der Fischerei Jobmanns liegt die alte Seebadeanstalt, die mit einem herrlich weißen Sandstrand und der Liegewiese dazu einlädt, sich die Sonne auf den Bauch scheinen zu lassen. Wenige hundert Meter weiter hat auch die Keramikerin Christiane Elberding ihren Arbeitsplatz. In der Töpferei am See werden Alltagsgeschirr und dekorative Töpferware produziert und zum Verkauf angeboten.

INFO

Ratzeburger Fischerei
Schlosswiese 2, 23909 Ratzeburg
Tel. 04541 3559

Ratzeburg-Information
Rathaus, Unter den Linden 1
23909 Ratzeburg
Tel. 04541 858565
www.ratzeburg.de

MÖLLN

Bekannt durch einen Schalk

Kaufleute und andere Reisende machten schon im Mittelalter Station in Mölln, das von seiner verkehrsgünstigen Lage am Schnittpunkt eines wichtigen Handelswegs profitierte: Die »Alte Salzstraße« und der Stecknitzkanal brachten Wohlstand in die kleine Stadt. Das prachtvolle Rathaus und zahlreiche Fachwerkhäuser erinnern heute an die Zeit unter Lübecks Herrschaft.

Berühmt wurde Mölln allerdings durch einen Mann, der im Jahre 1350 in seinen Mauern starb. Der Schelm und Volksheld Till Eulenspiegel ist jedem Schulkind bekannt. Mit seinem Witz und seinen Streichen entlarvte er Ungerechtigkeiten der »Herren« und sympathisierte mit den »kleinen Leuten«. Seine Bronzeplastik mit siegreich erhobenem Daumen ziert den Brunnen auf dem Markt, golden leuchten Schuhspitze und Daumen. Denn daran zu reiben soll Glück bringen!

Vis-à-vis hat die Stadt dem närrischen Till sogar ein eigenes Museum gewidmet. In Mölln begegnet man dem Werbeträger an jeder Ecke. Ein städtischer Bediensteter als lebender Till liest mit Schellenkappe, Eule und Spiegel bei Anlässen aller Art den Leuten mit seinen deftigen Sprüchen die Leviten. Alle drei Jahre im August erinnern die Eulenspiegel-Festspiele an ihn. Der Volksheld und die mittelalterliche Geschichte der Stadt sind Thema der regelmäßigen Nachtwächterführungen, die meist an Wochenenden in der Abenddämmerung starten.

Till Eulenspiegel ist jedem Schulkind bekannt.

Doch es geht nicht nur närrisch zu in der mittelalterlich anmutenden Stadt: Im »Erlebnisreich« am Stadthauptmannhof lässt sich die abwechslungsreiche Naturlandschaft mit ihren Freizeitangeboten in einer Ausstellung erleben. Am östlichen Rand der Stadt liegt der Möllner Wildpark. Der Park mit seinen rund 100 Tieren ist das ganze Jahr über für Besucher geöffnet. Wohlgemerkt: kostenlos! Auf die kleinen Besucher warten außerdem ein Spielplatz mit einer großen Wiese zum Austoben und natürlich ein Streichelzoo. Am Kiosk gibt es nicht nur Getränke und Snacks, sondern auch »tierische Leckerbissen«, mit denen Besucher das Wild füttern dürfen.

INFO

Kurverwaltung Mölln
Hindenburgstraße
23879 Mölln
Tel. 04542 7090 und 7099
www.moelln.de

Erlebnisreich Mölln
Hauptstraße 150
23879 Mölln
www.hlms.de

GROSS ZECHER

Genießen am Schaalsee

Wer durch das beschauliche Seedorf die drei Kilometer in den Ortsteil Groß Zecher bummelt, erlebt Natur von ihrer schönsten Seite. Malerisch eingebettet in die Seenlandschaft von Küchensee, Priestersee und Schaalsee locken nicht nur Badestellen an mit Schilf bewachsenen Ufern, sondern auch wald- und wiesenreiches Hügelland. Schon der dänische Schriftsteller Jens Baggesen schwärmte 1791 vom heutigen Naturpark Lauenburgische Seen: »Es ist der schönste Fleck auf dem Erdenkreise!«

Per Paddel und Pedale, hoch zu Ross oder zu Fuß lässt sich die natürliche Schönheit der Region auf reizvollen Wegen entdecken. In Groß Zecher angekommen, führt eine alte, hochgewachsene Lindenallee zum seit 300 Jahren von der Familie von Witzendorff bewirtschafteten Gut. Ausruhen ist angesagt. Inmitten von grasenden Kühen, von Pferden,

Eseln, Hühnern und Katzen, die dankbar für jede Streicheleinheit sind, betreibt die studierte Landwirtin Hannelore von Witzendorff in den ehemaligen Stallungen das Kutschercafé, in dem es neben Kuchen und Torten auch eine reichhaltige, regionale Speisekarte gibt. Frisch zubereitete Wildgerichte sind Spezialität des Hauses.

Die Terrasse des stilvoll umgebauten Backsteingiebelhauses am See ist Labsal für Körper und Seele. Spezialität des Hauses ist die Kutschertorte. Wer gestärkt dieses kleine Paradies verlässt, um am hauseigenen Steg die Füße im Wasser baumeln zu lassen, mit dem Ruderboot den Schaalsee zu erkunden oder den Rundwanderweg über den Werder zu nehmen, treibt der Hunger anschließend in das Zentrum des Dorfes. Die rustikale Dorfkneipe »Maräne« ist längst zum Geheimtipp für Gourmets geworden. Inhaber und Chefkoch Holger Rinck verwöhnt seine Gäste mit fangfrischem Fisch aus heimischen Gewässern und Wild aus der Region. Ob Fischplatte oder Wildgericht, in der »Maräne« kommt alles liebevoll zubereitet auf den Tisch. Üppige Portionen für den normalen Geldbeutel. Und wem anschließend nach gesundem Schlafen zumute ist, der findet hier oder auf dem Gutshof mit den großzügig eingerichteten Ferienwohnungen ein warmes Bett.

»Es ist der schönste Fleck auf dem Erdenkreise!«

INFO

Gut Groß Zecher
»Zur Kutscherscheune«
Lindenallee 15
23883 Groß Zecher
Tel. 04545 801
Fax 04545 800
cafe@kutscherscheune.de
www.kutscherscheune.de

BAD MALENTE-GREMSMÜHLEN

Kneippen, Kuren, Kulinaria

Eingebettet zwischen Dieksee mit seinen Inseln Langenwarder und Gremswarder und Kellersee liegt Bad Malente-Gremsmühlen. Die weitläufigen, ruhigen Seen sind nicht nur ideal für abwechslungsreiche Wasseraktivitäten, sie bilden auch eine wunderschöne landschaftliche Kulisse, um Ort und Umgebung zu Fuß, mit dem Fahrrad oder dem Ausflugsdampfer zu erkunden. Dieksee, Langensee, Behlersee, Höftsee und Edebergsee, so heißen die fünf Seen, welche die weiße Flotte durchkreuzt. Zwölf Kilometer lang ist die Minikreuzfahrt, vorbei an stillen Buchten, herrlichen Landzungen, Brutstätten für Seevögel und stattlichen Buchenwäldern.

Seit 1955 darf sich Malente-Gremsmühlen offiziell Kneippbad nennen, seit 1996 sogar heilklimatischer Kurort. Bereits zu Beginn des 20. Jahrhunderts stießen die Lehren des gesundheitsbewussten Pfarrers Sebastian Kneipp im kleinen Ort auf reges Interesse. Er vertraute auf die Heilkraft des Wassers. Das erste Malenter Sanatorium mit Kurhaus suchte schon die deutsche Kaiserin Hermine auf. Inzwischen gehört Kneippen im Heilkurort wieder zum Wellnessangebot.

Gäste und Einheimische statten dem Verkaufsladen der Schinkenräucherei von Stefan Petersen in der Bahnhofstraße gern einen Besuch ab. Die hier verkauften Schinken stammen aus einer 1788 gebauten Reetdachkate, die im nah gelegenen Timmdorf steht. Auch im Malenter Laden dringt einem sofort der intensive Geruch von Geräuchertem in die Nase. Unter der Decke hängen Hunderte dicker Schinken und auch Würste. Nur wenige, aber erlesene Zutaten braucht es für den Holsteiner Katenschinken: hochwertiger Hinterschinken vom Schwein, Buchenrauch, Salz und feine Gewürze und eben eine echte reetgedeckte Räucherkate. Schon der dänische König Christian IV. wusste die Schinken-Delikatesse zu schätzen – er ließ sich 1608 50 Holsteiner Schinken in Tonnen verpackt schicken. Auf Freunde der Küche warten Brotzeit oder Erbsensuppe, die man bei Stefan Petersen im hinteren Bereich der offenen Tenne vor dem Kamin genießen kann!

Unter der Decke hängen Hunderte dicker Schinken und Würste.

INFO

Touristik- und Kneippverein Bad Malente
Bahnhofstr. 3, 23714 Bad Malente
Tel. 04523 98990
www.bad-malente.de

Schinkenräucherei Stefan Petersen
Bahnhofstr. 23, 23714 Bad Malente
Tel. 04523 22 96

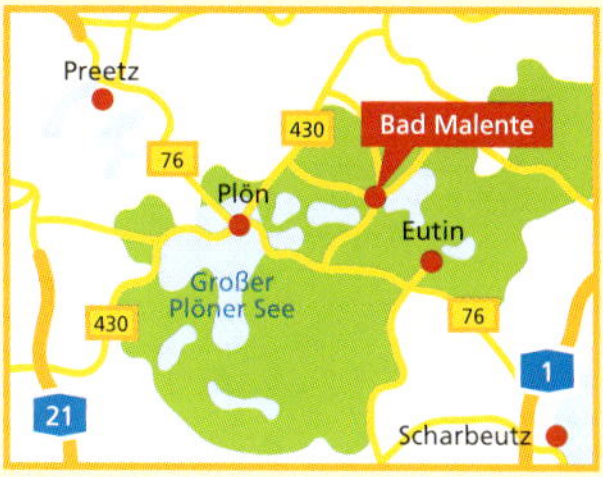

Durch den Rifftunnel

Über das Wahrzeichen der Insel, die 1963 in Betrieb genommene Fehmarnsundbrücke, geht es von Großenbrode auf das von der Sonne verwöhnte Eiland. Während der Fahrt genießt man eines der herrlichsten Panoramen der deutschen Ostseeküste. Endlose Naturstrände, malerische Binnenseen, wildromantische Steilküsten und sattgrüne Wiesen wechseln sich auf dem Küstenstreifen ab, der mit dem Horizont zu verwachsen scheint.

Zum Segeln, Tauchen, Surfen oder Angeln gibt es auf Fehmarn reichlich Gelegenheit. Wer noch mehr entdecken möchte, taucht in der Inselstadt Burg in die geheimnisvolle Unterwasserwelt der tropischen Aquarien des Meereszentrums ab. Dem legendären Weißen Hai begegnet man glücklicherweise nur in Form eines fünf Meter langen Originalpräparates. Andere Bewohner wie Schwarzspitzenriffhaie,

Ammenhaie, Sandtigerhaie und Riesenzackenbarsche sind hingegen sehr lebendig. Das Highlight ist ein Gang durch den Rifftunnel – von den Räubern des Meeres nur durch eine dicke Glasscheibe getrennt. In über 40 Schau-Aquarien leben außerdem Hunderte bunter Korallenfische. Die kleinen Besucher lockt eine Entdeckungstour auf dem Kinder-Meeres-Lehrpfad.

Wer auf Fehmarn weilt, sollte sich auch den Besuch des Surfmuseums nicht entgehen lassen. Was die beiden Surflegenden, die Zwillinge Jürgen und Manfred Charchulla, auf die Beine gestellt haben, lädt immer wieder zum Schmunzeln ein. Kuriositäten aus der Geschichte des Surfens von seinen Anfängen bis heute: Original Windsurfer, Tandemsurfer, Flügelriggs, die ersten Trapeze und vieles mehr. Mehrere hundert Ausstellungsstücke hat der Trägerverein mittlerweile angesammelt, darunter das erste durchgelattete Segel, jenes Tandem, mit dem die Charchullas am 10. Mai 1977 in 14 Stunden den Skagerrak überquerten. Wer es bodenständiger mag: Im selben Haus befindet sich das »Modellbahnparadies« mit Bahnen im Maßstab HO und LGB, die durch liebevoll gestaltete Landschaften fahren.

Dem legendären Weißen Hai begegnet man glücklicherweise nicht.

INFO

Meereszentrum Fehmarn
Gertrudenthaler Str. 12, 23769 Burg
Tel. 04371 4416
www.meereszentrum.de

Surfmuseumsverein Fehmarn
Strandallee Burgtiefe
23769 Stadt Fehmarn
Tel. 04371 3400
www.surfmuseum.de

Ungestörter Lebensraum

Nur einen Steinwurf vom Ostseeheilbad Heiligenhafen entfernt prägt auf rund 230 Hektar das Naturschutzgebiet Graswarder den Saum des Meeres. Bis zu zwei Meter hoch schützen Strandwälle mit aufgesetzter Düne und die üppig bewachsenen Salzwiesen, auf denen die bedrohte Pflanzenwelt heimisch geworden ist, vor den tiefdunklen Wellen, die mit den winterlichen Oststürmen auf die Küste treffen.

Um der außergewöhnlichen Tier- und Pflanzenwelt den ungestörten Lebensraum zu sichern, ist das Gebiet ganzjährig für den Menschen gesperrt. Mit einer Ausnahme: Unter der Leitung von Naturschutzwarten kann die beeindruckende und artenreiche Strandwall- und Strandwiesenlandschaft erlebt und die vielfältige Vogelwelt erkundet werden. Ansprechende und informative Schautafeln führen vom Touristenparkplatz entlang des Naturschutzgebietes zum Informationszentrum auf dem Nehrungshaken. Hier erwartet den Besucher Wissenswertes rund um die Entstehung der Nehrung, deren Bedeutung für die Umwelt und die dort lebenden Tiere und Pflanzen. Die naturkundlichen Führungen werden täglich angeboten. Highlight der Führung ist immer wieder die Panoramasicht vom Aussichtsturm auf Graswarder.

Täglich werden naturkundliche Führungen angeboten.

In den weiten Wiesen und Sandarealen, umgeben von Wasserflächen, brüten neben Austernfischerpaaren Säbelschnäbler, Küstenseeschwalben, Zwergseeschwalben, Mittelsäger und der Große Brachvogel sowie zahlreiche Möwen. Sie treffen in dieser Landschaft nicht nur ideale Brutbedingungen an, sondern finden für sich und ihren Nachwuchs reichlich Nahrung. Es rasten und überwintern zudem Abertausende Strandläufer und nordische Entenarten auf der Nehrung. Der Besucher des Informationszentrums darf auf einer Führung schon mal das bebrütete Ei einer Sturmmöwe oder sogar ein Küken in die Hand nehmen. Auf dem Graswarder wachsen speziell angepasste Dünen-, Strandwall- und Salzwiesenpflanzen wie Stranddistel, Meerkohl, Grasnelke, Mauerpfeffer, Echter Sellerie oder Strandflieder.

INFO

NABU Schleswig-Hosltein
Klaus Dürkop
Tel. 04362 8536
klausduerkop@graswarder.de
www.schleswig-holstein-nabu.de

Naturschutzwart Graswarder
Tel. 04362 6947

GUT PANKER

Idylle am Meer

Jährlich strömen viele Tausend Besucher auf das historische Gut Panker zwischen Lütjenburg und Schönberg, direkt an der Ostseeküste. Die ersten Besitzer gehörten zum alten Geschlecht der Rantzaus, später war das Gut Eigentum des Fürsten von Hessenstein. Mittlerweile ist es nach intensiven Bemühungen des Landgrafen Philipp und seines Sohnes Moritz von Hessen mit seinem barocken Garten und der prachtvollen Schlossanlage zu alter Schönheit zurückgekehrt.

Eine Idylle inmitten der Bilderbuchlandschaft Holsteinische Schweiz, doch das Gut will nicht als Museumsbetrieb gelten. Rund 80 Menschen leben und arbeiten hier in einer Dorfgemeinschaft, wie etwa Frau Schoel. Wer das Ambiente des englischen Landhausstils und Rosen liebt, kommt in ihrer »Flora Magica« aus dem Staunen nicht heraus. Kaum einer, der nicht mit einer Rose im Gepäck das Gut verlässt. Die Familie von Hessen betreibt in Panker eine der berühmtesten Trakehnerzuchten. Mehr als 50 der edlen Pferde tummeln sich im Sommer auf den Weiden rund um das Gutshaus.

Nur wenige Schritte entfernt liegt die »Ole Liese«. Als Erstes fällt dem Gast das Schild über der Eingangstür auf, worauf neben dem Bild eines Pferdes zu lesen ist: »In de ole Liese, hier geiht dat na de ole Wiese, de Werth de süpt das Beste, segt Prost, mien leven Gäste«. Der Trinkspruch wird dem Fürsten von Hessenstein zugeschrieben, der gegen Ende des 18. Jahrhunderts seinem Reitknecht sein altes, treues Reitpferd anvertraute. Als Gegenleistung für sein Versprechen, dem alten Ross das Gnadenbrot zu sichern, wurde ihm eine Schankwirtschaft übereignet. Die schwere Eichentür auf und schon ist man im Schankraum. Ruhig und einladend wirkt die Atmosphäre im historischen Backsteinhaus. Nach einem ausgiebigen Spaziergang auf dem Gut erwartet den Gast hier Spitzengastronomie und ausgezeichneter Wein von den Bergen der Hessischen Weinstiftung. Wer noch länger bleiben möchte, übernachtet in einem der schönen Zimmer der »Olen Liese« oder in dem nur wenige Kilometer entfernten »Forsthaus Hessenstein«.

Einladend ist die Atmosphäre in der »Olen Liese«.

INFO

Hessische Hausstiftung
Güterverwaltung/Gestütsleitung
24321 Panker
Tel. 04381 7071
www.gut-panker.de

Restaurant »Ole Liese«
24321 Gut Panker
Tel. 04381 90690
www.ole-liese.de

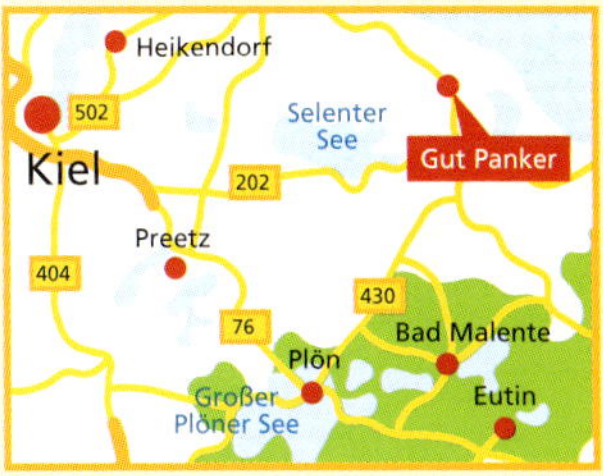

PLÖN

Auf der Prinzeninsel

Am besten erkennt man die einmalig schöne Lage der alten Stadt mit ihrem imposanten Schloss inmitten von Hügeln, Wäldern und Seen wohl aus der Vogelperspektive. Der Parnass-Aussichtsturm mit seiner Stahlfachwerkkonstruktion bietet aus 20 Metern Höhe den unverfälschten Blick auf das Panorama des Luftkurorts und den Großen Plöner See.

Wahrzeichen der Stadt ist das weiße, dreiflügelige Renaissance-Schloss, das mittlerweile aufwendig saniert wurde. In der einstigen Residenz wird seit einigen Jahren der Augenoptiker-Führungsnachwuchs Europas ausgebildet. Zu besichtigen ist die Anlage nur zu besonderen Anlässen, doch ein Spaziergang in den schattigen Alleen des Schlossgartens, vorbei am ehemaligen Marstall, der alten Reithalle und dem Prinzenbau, einem alten Lustschloss, lohnt sich allemal. Das

Plöner Schlossareal gehört zu den sehenswertesten Anlagen in Schleswig-Holstein. Zu Fuß oder mit dem Fahrrad erreicht man bequem die Prinzeninsel, eine drei Kilometer lange, schmale Halbinsel im Großen Plöner See, auf der sich früher ein landwirtschaftliches Anwesen befand. Hier lernten einst die Söhne Kaiser Wilhelms II. das bäuerliche Handwerk; auch die Kaiserin ließ es sich an ihrem Lieblingsplatz, einem Pavillon auf der Spitze der Halbinsel, gut gehen. Heute erwartet uns hier eine der schönsten Badestellen am Großen Plöner See. Für eine Stärkung bietet sich das Inselrestaurant im historischen »Niedersächsischen Bauernhaus« an. Über die Naturlehrpfade auf der Prinzeninsel und die Uferpromenade des Großen Plöner Sees flaniert man gemütlich zurück in die Altstadt. Oder man wendet sich dem üppigen Angebot auf dem Wasser zu.

Das Schloss ist Aushängeschild des Nordens.

Im Stadtgebiet Plöns befinden sich elf Seen, fünf weitere Seen grenzen an den Ort. Der Wasserreichtum bietet optimale Voraussetzungen für alle Formen des Wassersports – von Tretboot fahren über Segeln, Surfen und Angeln bis zum puren Badevergnügen! Wer es gemütlicher mag, kann auch mit einem der Ausflugsschiffe über die Seen schippern.

INFO

Tourist Info Plön
Bahnhofstraße 5
24306 Plön
Tel. 04522 50950
Fax 04522 50952-0
touristinfo@ploen.de

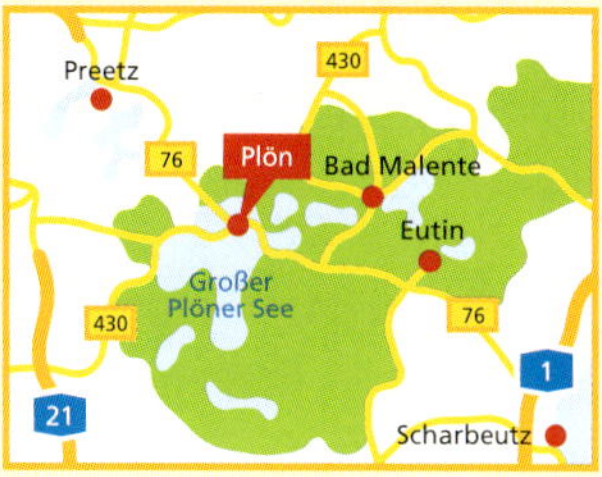

Das Leben anno dazumal

Seit die Marine 1865 Einzug hielt, gehört sie – wie die Werften – traditionell zur »Seele« Kiels. Wie eng die Geschichte der maritimen Stadt mit den »blauen Jungs« und dem Segelschulschiff »Gorch Fock« verknüpft ist, kann man zu Fuß oder besser noch mit dem Rad auf dem spannenden Küstenlehrpfad erkunden. Insgesamt 15 Stationen an beiden Fördeufern lassen Hafenflair, nostalgisches Ambiente und reichlich frische Brise schnuppern. Ein Tageserlebnis für die ganze Familie, das nicht nur Einblicke in die Stadtgeschichte gewährt, sondern mit seiner Vielfalt alle Sinne berührt.

Spaß, Spannung und Wissen verspricht auch das größte Freilichtmuseum Norddeutschlands in Molfsee, in dem man schon einen ganzen Tag verbringen kann. Auf dem über 60 Hektar großen Gelände mit Wiesen, Gärten, Feldern, Teichen und vielen Tieren zeigen über 70 historische Gebäude,

Windräder, Katen und Scheunen Mobiliar, Hausrat und Arbeitsgeräte aus alter Zeit. Wie ein Dorf, in dem die Zeit stehen geblieben ist – die Häuser wurden aus verschiedenen Regionen Schleswig-Holsteins herangeschafft und in jahrzehntelanger Arbeit wieder aufgebaut. Ein Spaziergang vermittelt einen lebendigen Eindruck davon, wie Menschen anno dazumal gelebt und gearbeitet haben.

Und wenn die Füße nicht mehr wollen, lässt man sich mit der Museumsbahn durch das weitläufige Gelände kutschieren oder leiht sich für die Kleinen einen Bollerwagen aus. Molfsee ist ein lebendiges Museum zum Anfassen. Während die Kleinen begeistert Katzen, Hühner, Enten, Gänse und Co. streicheln oder die Karussells auf dem historischen Jahrmarkt ausprobieren, können Erwachsene Korbmachern, Schmieden, Drechslern, Töpfern, Webern, Uhrmachern, Kerzenziehern und Holzbildhauern bei der Arbeit über die Schulter blicken. Hunger muss im Freilichtmuseum niemand leiden. Für das leibliche Wohl sorgen Käse aus der Meierei, Brot und Kuchen aus dem Backhaus, Wurst und Schinken aus der Räucherkate sowie Delikatessen aus der Gothmunder Fischräucherei.

Molfsee ist ein lebendiges Museum zum Anfassen.

INFO

Tourist Information Kiel
Tel. 01805 656700
www.kiel.de

Schleswig-Holsteinisches Freilichtmuseum
Hamburger Landstr. 97
24113 Molfsee
Tel. 0431 65966-0
www.freilichtmuseum-sh.de

LÜBECK

Die Königin der Hanse

Wer heute vom Holstentor, dem Wahrzeichen Lübecks aus, durch die von Trave, Wakenitz und Kanal umflossene Altstadt bummelt und die hübsch restaurierten Backstein- und Putzfassaden sieht, kann sich kaum vorstellen, dass die ehemalige »Königin der Hanse« 1945 eine einzige Trümmerwüste war. Heute gehört die Altstadt mit ihren sieben Türmen und vielen denkmalgeschützten Gebäuden, historischen Gassen und verwinkelten Gängen zum schützenswerten Weltkulturerbe der UNESCO.

Lübeck und das Marzipan sind untrennbar miteinander verbunden. Der Legende nach soll der Rat der Stadt während einer Hungersnot den Bäckern den Auftrag erteilt haben, aus Mandeln Brot herzustellen. Heute wird das Naschwerk als »Lübecker Marzipan« von mehreren Firmen in alle Welt exportiert. Im Haus Niederegger direkt gegenüber dem Rathaus lässt sich neben dem Café auch die Geschichte dieser Köstlichkeit entdecken. Für Liebhaber des »marci panis« ein kulinarisches Schlaraffenland! Einer anderen Spezialität Lübecks, dem Rotspon, eilt sein guter Ruf ebenfalls voraus. Seit dem 13. Jahrhundert holten Koggen Fässer mit wertvollem Bordeaux aus Frankreich. Erstaunlicherweise bekam es dem Wein gut, in Lübecks Kellern eine Zeit lang nachzureifen. Nach den vom Wein gefärbten Holzspänen der Eichenfässer nannte man ihn Rotspon, also roter Holzspan. In Lübeck sind es vor allem die Firma Carl Tesdorpf unweit des Buddenbrookhauses und der Weinhandel Von Melle, die für diesen Wein bekannt sind.

Das Lübecker Marzipan wird in alle Welt exportiert.

Zum Kulturerbe gehört auch »Lisa von Lübeck«: Drei Masten ragen in den Himmel, das Großsegel zeigt einen großen lübschen Adler, die Masten tragen ein Krähennest. Dazu der Geruch nach Holz, Teer und Wasser – und Abenteuer. Das ist »Lisa von Lübeck«, Nachbau einer Kraweel, jenes Schiffstyps, der Mitte des 15. Jahrhunderts im Hanseraum aufkam und dem Lübeck seine wirtschaftliche Bedeutung verdankte. Das mittelalterliche Handelsschiff liegt im Museumshafen am Traveufer und macht regelmäßig Fahrten auf der Ostsee.

INFO

Welcome Center
(Tourist-Büro) Lübeck
Holstentorplatz 1
23552 Lübeck
Tel. 0451 8899700
info@luebeck-tourismus.de
www.luebeck-tourismus.de

ECKERNFÖRDE

Goldene Delikatesse

Angeblich – so die Sage – waren die Wälder hier einmal so dicht, dass ein Eichhörnchen, ohne den Erdboden berühren zu müssen, von Eckernförde bis nach Kiel springen konnte. Eichhörnchen und die Türme einer Burg sind denn auch die Motive des Stadtwappens. Aus einer Ansiedlung von Fischern, Kaufleuten und Handwerkern entwickelte sich auf einer Landzunge der Eckernförder Bucht im 13. Jahrhundert eine Stadt mit einem weißen Sandstrand, einem romantischen Hafen und einer idyllischen Altstadt.

Einst ein bedeutender Fischerei- und Handelsstützpunkt, ist der Hafen der Eichhörnchenstadt mit seinen Erweiterungen heute wichtig für Wassersport und Marine. Doch immer noch legen hier die Fischer an und preisen ihren frischen Fisch direkt vom Kutter an. Vor rund 100 Jahren prägten über 30 Fischräuchereien mit ihren hohen Schornsteinen das

Panorama der Stadt. Eckernförde galt als Sprotten-Metropole. Der heringsartige Fisch ging von hier aus deutschlandweit auf Reise. Das Unternehmen Rehbein & Kruse ist einer der letzten Hersteller der goldenen Delikatesse aus dem Meer. Für Kunden in aller Welt wird nach traditioneller Art täglich eine Tonne Sprotten über einer speziellen Mischung von Erlen- und Buchenholz geräuchert. Mit der Stadt Kiel hat die »Kieler Sprotte« also wenig zu tun. In der guten alten Zeit wurden die massenweise geräucherten Fische für den Export per Pferdefuhrwerk von Eckernförde zum Kieler Bahnhof gekarrt, dort mit dem Namen der Bahnstation Kiel gekennzeichnet und in den Zug nach Altona umgeschlagen. So kam der begehrte Fisch zu seinem Namen.

Vor 100 Jahren gab es noch 30 Fischräuchereien in der Stadt.

Aber nicht nur der Fischfang brachte den wirtschaftlichen Aufschwung, auch ein gut entwickeltes Brauereiwesen trug zum Wohlstand des beschaulichen Ortes bei. Das seit wenigen Jahren wieder in geringen Mengen zu bestimmten Anlässen (jetzt von der »Ricklinger Landbrauerei«) gebraute Kakabelle-Bier war im späten Mittelalter unter dem Namen »Quackeltheiß« bei Piraten und dänischen Königen gleichermaßen beliebt.

INFO

Eckernförde Touristik
Am Exer 1
24340 Eckernförde
Tel. 04351 7179-0
www.ostseebad-eckernfoerde.de

RENDSBURG

Ein Blick von oben

Das weithin sichtbare Wahrzeichen der Stadt ist die zwischen 1908 und 1913 erbaute, 68 Meter aufragende Eisenbahnbrücke, die in Verbindung mit der Schwebefähre als einzigartiges Denkmal des Industriezeitalters einen Abstecher wert ist. Weiß leuchtende Traumschiffe, prachtvolle Jachten, voll beladene Transportkähne und kleine Boote passieren den Nord-Ostsee-Kanal. Fast lautlos gleitet das Unikum, die antiquiert wirkende und unter Denkmalschutz stehende Schwebefähre, darüber hinweg und verwöhnt den Passagier mit einem faszinierenden Panoramablick auf Rendsburg, Umland und die vorbeifahrenden Schiffe. Wer absolut schwindelfrei ist, kann sonntags an einer der Führungen teilnehmen und mit Sicherheitshelm die 178 Stufen der Wendeltreppe erklimmen, die in einem der Brückenpfeiler nach oben führen. Mitten in Schleswig-Holstein – direkt unter der Brücke – begrüßt seit 1997 mit einem kernigen

»Rendsburg Ahoi« eine Schiffsbegrüßungsanlage täglich von 10 bis 20 Uhr alle den Nord-Ostsee-Kanal nutzenden Schiffe, Jachten und Boote.
Die über 800 Jahre alte Stadt Rendsburg zwischen Eider und Nord-Ostsee-Kanal wird von drei wunderschönen Naturparks umschlossen: Südlich des Kanals lockt der Naturpark Westensee mit seinen stattlichen Schlössern, Herrenhäusern und verträumten Seen. Der größte Naturpark ist der benachbarte Aukrug – eine idyllische Landschaft aus Wäldern, versteckten Teichen, Moor- und Heideflächen. Am Nordufer des Nord-Ostsee-Kanals, im Städtedreieck von Rendsburg, Eckernförde und Schleswig, beginnt der Naturpark Hüttener Berge mit zahlreichen Seen und Hügeln. Ein Paradies für Radfahrer und Angler.

Rund um Rendsburg liegen drei wunderschöne Naturparks.

Einmal im Jahr wird es voll an den Ufern des Kanals. Dann nämlich säumen Männer in Gummistiefeln und wetterfester Kleidung die Uferböschungen, um nach Petris Heil zu fischen. Sie sind dem Ruf gefolgt, der jedes Jahr herbeigesehnt wird: »Die Heringe sind da!« Ende April ziehen die Heringsschwärme durch den künstlichen Fluss, um zu ihren Laichplätzen zu gelangen.

INFO

Stadt Rendsburg
Am Gymnasium 4
24768 Rendsburg
Tel. 04331 2060
Fax 04331 206270
www.rendsburg.de

SCHLESWIG

Tradition verpflichtet

Die barocke Fassade von Schloss Gottorf strahlt in ihrem Weiß weithin sichtbar über die Schlei. Regiert wird in der ehemaligen herzoglichen Residenz am Burgsee schon lange nicht mehr, stattdessen verführen die Landesmuseen zu einer spannenden Entdeckungsreise in die Vergangenheit. Weltberühmt sind die Moorleichen und das Nydam-Boot. Aber auch die umfangreichen Gemäldesammlungen gehören zum Aushängeschild des Schleswiger Schlosses.

Mittlerweile ist auch der nördlich gelegene, alte Neuwerkgarten nahezu wieder hergestellt. Charakteristisch für den ältesten Barockgarten Nordeuropas sind seine sechs Terrassen, die Buchsbaumhecken, die Wasserspiele des Spiegelteichs und das Globushaus mit seinem Riesenglobus. Das »Welt- und Himmelstheater«, wie die große, begehbare Kugel einst genannt wurde, zeigte außen die bekannten Erdteile und im begehbaren Innenraum den Sternenhimmel. Hineinsetzen kann man sich dort auch heute noch.

Nur wenige Schritte von der anheimelnden Altstadt und dem regen Treiben im Stadthafen entfernt versetzt die 1000 Jahre alte Fischersiedlung Holm in eine andere Welt. Erst vor gut 70 Jahren wurde die Insel in der Schlei über eine befestigte Straße mit Schleswig verbunden. Die liebevoll restaurierten, kleinen Häuser und die mit Kopfstein gepflasterten Straßen umschließen bogenförmig den Friedhof. Er ist Eigentum der »Holmer Beliebung«, einer Totengilde, deren damalige Mitglieder sich 1650 nach den Wirren des Dreißigjährigen Krieges schworen, in guten wie in schlechten Zeiten zusammenzuhalten und sich auch gegenseitig zu bestatten.

Wer auf der Schlei fischen will, muss ein Holmer sein.

Wer auf der Schlei, einem Meeresarm der Ostsee, fischen will, muss Holmer sein. Die Fangrechte werden von den Vätern an die Söhne vererbt. Einer der aktiven Schleifischer des Holms ist Jörn Ross. Wenn er mit seinem Kutter Dorsch, Brasse, Butt, Hecht, Aal, Schlei und Karpfen nach Hause bringt, verkauft seine Frau die frischen Fische noch vom Schiff aus im Hafen.

INFO

Schloss Gottorf
24837 Schleswig
Tel. 04621 8130
Fax 04621 813555
info@schloss-gottorf.de
www.schloss-gottorf.de

ARNIS

Paradies für Wasserfreunde

Die rund 350 Einwohner von Arnis – der Ort liegt idyllisch auf einer Halbinsel in der Schlei – sind stolz darauf, in der kleinsten Stadt Deutschlands zu leben. Der Hafen mit seinen rund 300 Bootsliegeplätzen ist, neben mehreren kleineren Steganlagen, beliebter Ausgangspunkt für erlebnisreiche Törns auf der Schlei und der nahen Ostsee. Selbst für unerfahrene Segler ist die Schlei ein problemloses, überwiegend ruhiges Revier, dessen kleine idyllische Häfen zum Verweilen einladen.

Eine Seilfähre verbindet die durch die Schlei getrennten Landschaften Angeln und Schwansen. Bei einer Wanderung entlang des Ufers öffnen sich stets neue, unvermutete Ausblicke auf die ringsum hügelige und reich bewaldete Landschaft. Das ruhige Örtchen, in dem die Zeit still zu stehen scheint, besteht aus einer einzigen, beidseitig bebauten und von Linden gesäumten Straße. Prägend sind in der »Langen Straße« die kleinen, eng aneinandergereihten Häuser, zum Teil noch historische Fachwerkbauten.

Die Stadt besteht aus einer einzigen, von Linden gesäumten Straße.

Charakteristisch sind ihre verglasten Vorbauten, die so genannten »Utluchten«. Ehemalige Leibeigene aus Kappeln waren es, die 1666 jenseits des gutsherrlichen Bereichs der Herren von Rumohr ihre Freiheit auf der ehemaligen Insel Arnis suchten und dank des Dekrets des dänischen Königs auch fanden.

Damals war Arnis noch eine unbewohnte, bewaldete Insel. Die freien Siedler, mit besonderen Privilegien als Fischer und Schiffer ausgestattet, lebten vom Wasser. Auch heute noch fahren Fischer zu Fanggründen auf der Ostsee oder gehen dem Kutterfischfang auf der Schlei nach, und insgesamt vier Werften bauen klassische Jachten aus edlen Hölzern, setzen Segelveteranen instand oder reparieren Küstenmotorschiffe und Marinefahrzeuge. Einer der Werftbesitzer ist Matthias Paulsen, dessen Werfthalle gleich neben dem Fähranleger steht. Hier baut er edle Jachten und restauriert alte Holzschiffe. Auch das Wikingerschiff »Haithabu«, das auf der EXPO 2000 ein viel bestaunter Besuchermagnet war, stammt aus seiner Werkhalle.

INFO

Touristinformation Arnis
Langstraße 17
24399 Arnis
Tel. 04642 1559
www.arnis.de

Natur in der Geltinger Birk

Ein kleines Paradies für Naturliebhaber ist die Geltinger Birk an der nordöstlichen Landspitze Angelns am Ausgang der Flensburger Förde. Das an drei Seiten von Wasser umschlossene Naturschutzgebiet besteht aus Dünen, Sand- und Geröllstrand, Salzwiesen, verlandeten Schilfsümpfen, kleinen Eichenkratts, dem brackigen Noor und einer weit in die Geltinger Bucht reichenden Seegraswiese.

Zu jeder Jahreszeit gehört eine Wanderung um die Birk zu den eindrucksvollsten Naturerlebnissen. Ausgeschilderte Rundwanderwege laden ein, die Zivilisation für ein paar Stunden hinter sich zu lassen. Und wer lieber die weiten Wege per Kutsche oder Kremser zurücklegen will, kann vor Ort kompetente Führungen buchen. Das Abenteuer Natur startet das ganze Jahr über von kleinen Parkplätzen bei Falshöft oder von der 1794 erbauten und einst der Entwässerung dienenden Windmühle »Charlotte« aus. Eine Rundwanderung, die über weite Strecken auf dem Deich entlangführt, dauert drei bis vier Stunden. Feste Schuhe, der Jahreszeit entsprechende Kleidung und genügend Proviant gehören dazu. Außer der naturbelassenen Landschaft gibt es rund 200 Vogelarten zu entdecken, darunter Seeadler, Graugans, Brandseeschwalbe, Braunkehlchen und Rotschenkel. Eine Vielzahl von Zugvögeln nutzt die Futtervielfalt der Birk, um hier zu rasten oder zu überwintern. In der Vogelschutzwarte erfährt man Wissenswertes darüber. Mit etwas Glück begegnet man auf einem der Rundgänge auch den urtümlichen Wildpferden, die erst vor einigen Jahren in das Naturschutzgebiet eingezogen sind. Zusammen mit 250 Rindern, häufig zottelige Highlands, sorgen sie für das ökologische Gleichgewicht von Salzwiesen und Heidelandschaft.

Stolz präsentiert sich die alte Holländermühle »Charlotte«.

Einzigartig unter den Waldstücken ist der Gespensterwald mit seinen kleinen und verschlungen gewachsenen Bäumen. Er ziert den Strandwall bei Falshöft und ist im Juli und August umsäumt vom leuchtenden Rot des Blutroten Storchschnabels. Auch seltene Rosen- und Brombeerarten wachsen hier.

INFO

Integrierte Station Geltinger Birk
Falshöft 11
24395 Nieby
Tel. 04643 1860911
nils.kobarg@stua-sl-aus.landsh.de
www.nieby.de

NORDSTRAND

Das Tor zur Halligwelt

Inmitten der wohl einzigartigen Welt der Halligen des schleswig-holsteinischen Wattenmeeres liegt die grüne Halbinsel Nordstrand – vom Festland über einen vier Kilometer langen Autodamm zu erreichen. Der Marschboden ist hier besonders fruchtbar und ideal für den Anbau von Raps und Getreide und für die Viehzucht. Besonders begehrt sind die wollweißen Deichbewohner. Als Salzwiesenlämmer dominieren sie alljährlich während der Nordfriesischen Lammtage die Speisekarten der Region.

Im Vordeichland, den Salzwiesen, stampfen die Schafe mit ihren Hufen den Boden fest. Mit ihrem nie versiegenden Appetit regen sie die salzigen Gräser zu stärkerem Wachstum an – unverzichtbar für den Küstenschutz in dieser sturmfluterprobten Landschaft. Zartes Salzwiesenlammfleisch wird von Gourmets wegen seines Geschmacks hoch geschätzt.

Gleich »hinterm Deich links« finden wir Hans-Werner Baumbach, einen Schäfer mit Leib und Seele. In seinem Hofladen bietet er ganzjährig frisches Lammfleisch, viele köstliche Wurstprodukte und den nordfriesischen Schafs- und Ziegenkäse an, mit Kümmel oder Dill, einfach pur oder in Öl.

Doch was wäre ein Besuch Nordstrands ohne eine Wattwanderung oder eine Wattfahrt mit der Pferdekutsche? Zum Greifen nah scheint die Hallig Südfall, die im sagenumwobenen Rungholtgebiet liegt. Für die Brut- und Rastvögel hat sich das Kleinod zu einem wichtigen Rückzugsgebiet entwickelt. Die Urwüchsigkeit und die ungestört lärmende Vogelschar sind charakteristisch für Südfall, das nur in Begleitung autorisierter Wattführer betreten werden darf. Mit einer Kutschfahrt durchs Watt erreicht man an herrlich würziger Luft die Hallig. Wer bei Sonnenuntergang an der Küste von Nordstrand steht und am Horizont im Farbenspiel der Sonne die Silhouette der Hallig sieht, dem erschließt sich die ganze Schönheit dieser Landschaft – und vielleicht hört er dann sogar die Glocke aus dem untergegangenen Rungholt, die jedes siebente Jahr in der Johannisnacht läuten soll.

»Hinterm Deich links« hat Hans-Werner Baumbach seine Schäferei.

INFO

Schäferei Baumbach Hofladen
Pohnshalligkoogstraße 1
25845 Nordstrand
Tel. 04842 495
BaumbachNordstr@t-online.de

Kurverwaltung Nordstrand
Schulweg 4, 25845 Nordstrand
Tel. 04842 454 oder 19433
www.nordstrand.de

HUSUM

Bunt statt grau

Die »graue Stadt am Meer«, wie Theodor Storm seine Vaterstadt Husum beschrieb, zeigt den Besuchern mit ihrem rauen Charme heute ganz andere Facetten. Bereits im Frühjahr präsentiert sich die gemütliche Hafenstadt in leuchtenden Farben. Das »lila Wunder des Nordens« – die Blüte von mehr als vier Millionen violetter Krokusse im Husumer Schlosspark – wird alljährlich beim Krokusblütenfest gefeiert.

Salz in der Luft und immer eine frische Brise. So ist Husum. Mit Blick auf die Nordsee, die sich bis in den Binnenhafen hineinwagt, wo die Flut zweimal am Tag die Schiffe aus dem Schlick hebt. Der Dichter Theodor Storm ist einfach überall: als Denkmal, mit seinen Büchern in den Geschäften, als Namensgeber für eine Straße, ein Café, ein Hotel, eine Jugendherberge, einen Chor und eine süße Torte. Sein ehemaliges Zuhause ist heute Museum. Sogar sein Weihnachtsbaum lässt sich in Husum bewundern: Ganzjährig ist das Weihnachtsmuseum geöffnet, in dem handgemachter Baumschmuck vom Biedermeier bis heute ausgestellt ist und teilweise auch gekauft werden kann.

Auch kulinarisch hat sich die Stadt in der Spitzenklasse etabliert. Treffpunkt für Gourmets ist das »Alte Gymnasium« in der Süderstraße. Die ehemalige königlich-preußische Schule wurde Mitte der 1990er Jahre zu einem Luxushotel umgebaut. Eine besondere Attraktion ist der große Fitness- und Badebereich, der in der ehemaligen Turnhalle eingerichtet wurde. Wandmalereien mit lateinischen Inschriften erinnern an die altsprachliche Tradition. Zum guten Ruf des Hauses trägt wesentlich das Feinschmeckerrestaurant »Eucken« im alten Gewölbekeller der Schule bei.

Der Dichter Theodor Storm ist einfach überall.

Und gleich vor den Toren der Stadt liegt das Restaurant, in dem Theodor Storm selbst manchmal eingekehrt ist. Das Gasthaus »Zum Krug« in Hockensbüll, Schanklizenz seit 1707, haben Antje und Harald Frerks liebevoll restauriert. Und Harald Frerks Kochkünste werden von den einschlägigen Gourmetführern in den höchsten Tönen gelobt.

INFO

Theodor-Storm-Gesellschaft
Wasserreihe 31, 25813 Husum
Tel. 04841 8038630
www.storm-gesellschaft.de

Tourismus und Stadtmarketing Husum
Großstr. 27, 25813 Husum
Tel. 04841 8987-0
www.husum-tourismus.de

MELDORF

Traktoren und Gobelins

Schon von Weitem unübersehbar ist der altehrwürdige Dom der Stadt, die Johanniskirche am historischen Marktplatz. Er erinnert an die selbstbewusste Dithmarscher Landbevölkerung, die in der Bauernrepublik Adel und Fürsten vertrieb. Im Innern der Kirche versammelten sich die wohlhabenden Bauern, um Politik zu gestalten, heute finden in den alten Mauern neben Gottesdiensten internationale Sommerkonzerte statt.

Wie die Bauern ihren Wohlstand erarbeiteten, darüber gibt das Landwirtschaftsmuseum Auskunft. Es zeigt ein Kaleidoskop von Leben und Arbeit seit dem Beginn des Industriezeitalters. Verschiedenste Maschinen revolutionierten die Produktionsbedingungen auf dem Land, etwa Traktoren, Mähdrescher oder Dampfmaschinen. Wie der bäuerliche Alltag vor der Industrialisierung ablief, dokumentiert das benachbarte Dithmarscher Bauernhaus, das selbst über 250 Jahre alt ist. Nur wenige Schritte entfernt lädt der idyllische Rosengarten zur Pause ein. Mitte der 1970er Jahre begann Gerda Nissen nach alten Rosensorten zu suchen. In alten Bauerngärten, auf Friedhöfen und in Knicks wurde sie fündig. Sie pflanzte die Ableger im Innenhof des Dithmarscher Landesmuseums an – so leuchtet dort in den Sommermonaten ein einzigartiges Blütenmeer.

Die Dithmarscher Museumswerkstätten im »Alten Pastorat« stellen die traditionelle Beiderwand- oder Gobelinweberei vor. Schon vor 300 Jahren kamen Weber angesichts der eintönigen Arbeit auf die Idee, ihre Muster über ein Lochkartensystem steuern zu lassen – und entwickelten so ein frühes Modell der Datenverarbeitung. In den historischen Räumlichkeiten fertigen Mitarbeiter der Perspektive Meldorf – Stiftung für Menschen mit Behinderung – wahre Kostbarkeiten aus Baumwolle, Kammgarn und reiner Schurwolle. Zum Einsatz kommen dabei antike Jacquard-Webstühle aus dem 19. Jahrhundert. Angesichts der hohen handwerklichen Qualität kann man in der Museumswerkstatt die traditionsreichen Webarbeiten erstaunlich günstig kaufen.

Nur wenige Schritte entfernt lädt der Rosengarten zur Pause ein.

INFO

Schleswig-Holsteinisches Landwirtschaftsmuseum
Jungfernstieg 4, 25704 Meldorf
Tel. 04832 979390
www.landwirtschaftsmuseum-schleswig-holstein.de

Museumswerkstätten
Papenstr. 2, 25704 Meldorf
Tel. 04832 999660

Hafen- und Schleusenstadt

Vor 800 Jahren war der Flecken Brunsbüttel nicht viel mehr als ein Ausgangspunkt für Raubzüge auf vorbeifahrende Schiffe. Doch die Seeräuberromantik taugt in diesem Teil der Welt allenfalls noch für Gruselstorys am knisternden Kaminfeuer. Heute ist der Ort Seeleuten vor allem als Tor zum Nord-Ostsee-Kanal ein Begriff – eine Doppelschleuse öffnet den Weg in die am meisten befahrene künstliche Wasserstraße der Welt. Sie bietet dem Besucher einen fantastischen Blick auf die Riesen der Meere.

Im Atrium am Eingang der Brunsbütteler Schleusen vermitteln Schautafeln Eindrücke von der Entstehungsgeschichte des Nord-Ostsee-Kanals. Modelle und historische Exponate, wie das kaiserliche Prunkgeschirr zur symbolischen Grundsteinlegung, vervollständigen das Bild vom Jahrhundertwerk. Vom Brunsbütteler Deich aus blickt man über den

Mündungstrichter der Elbe und schaut den majestätischen »Pötten« und Containerschiffen aus Hamburg nach, bis sie am Horizont verschwinden. Wer immer noch nicht genug Schiffe gesehen hat, kann dies im Freizeitbad Ulitzhörn an der Schnittstelle von Elbe und Nord-Ostsee-Kanal fortsetzen. Das Schwimmvergnügen im Becken auf dem Deich wird mit einem einzigartigen Blick auf die Elbe zusätzlich belohnt. Sogar wenn es kalt ist, denn das Außenbad ist beheizt. Ein besonderes Spektakel sind die Watt-»Olümpiaden«, die seit 2004 alljährlich im Sommer bei Niedrigwasser am Elbdeich Ballsportarten auf glitschigem Untergrund bieten. Disziplinen wie Aalstaffellauf, Tour-de-Watt-Radrennen, Seilziehen, Schneeballschlacht und »Wolliball« gehören zum »Schweinesport« der »Watthleten«. Zugucken macht Spaß!

Das Schwimmvergnügen wird mit einem Blick auf die Elbe belohnt.

Nach Schiffen und Matsch wächst die Lust auf etwas Kulturelles. Bei einem Besuch im Atelier von Jens Rusch in der Schulstraße können Radierungen, Grafiken, Illustrationen und vieles mehr erworben werden. In der professionellen Kupfertiefdruckwerkstatt des Dithmarscher Kulturpreisträgers finden Workshops und Kurse statt.

INFO

Rathaus Brunsbüttel
Koogstraße 61–63
25534 Brunsbuettel
Tel. 04852 391-0
www.brunsbuettel.de

Atelier Jens Rusch
Schulstr. 38
25541 Brunsbüttel
Tel. 04852 4848

BÜSUM

Leckeres vom Krabbenkutter

Ob Ebbe oder Flut: Im malerischen Kutterhafen von Büsum mit seinem kleinen Leuchtturm und Fischerkai gibt es immer etwas zu sehen und zu erleben. Seit 1837 darf sich die Gemeinde offiziell Nordseebad nennen, und seither hat sich das ehemalige Fischerdorf zu einem über die Landesgrenzen hinaus beliebten Urlaubsort entwickelt. Wo früher knarrende Badekarren standen, reihen sich heute die Strandkörbe – am Sandstrand und auf der grünen Wiese.

Nach Brunsbüttel nennt Büsum den größten Hafen an der schleswig-holsteinischen Nordseeküste sein Eigen. Mit dem Gezeitenstrom »Piep« ist die Fahrt durchs Wattenmeer in die offene Nordsee möglich. Hier machen die Krabbenkutter fest, deren »Mitbringsel« aus dem Meer sich zu einer bekannten Büsumer Spezialität entwickelt haben. Seit einigen Jahren ist ein Teil des Hafenbeckens Museumshafen.

Wichtigstes Ausstellungsstück ist das Motorrettungsboot »Rickmer Bock«, seit geraumer Zeit findet sich dort auch der ehemalige Fischkutter »Fahrewohl«. Das 1912 in Wewelsfleth für den Büsumer Schiffer G. G. Johannsen gebaute Schiff ist der älteste noch fahrfähige Büsumer Krabbenkutter. Mittendrin im Hafen ragt der knapp 24 Meter hohe Büsumer Leuchtturm heraus.

Nordseeluft macht hungrig. Am Hafen lässt sich das Problem im traditionellen Muschelsaal der Familie Kolle auf angenehme Weise lösen. Küchenchef Karl-Heinz Kolle und sein Team überraschen ihre Gäste mit köstlichen Spezialitäten der Region. Der Muschelsaal geht auf eine Idee des Malermeisters Bernhard Busch zurück, der 1903 das Zimmer neben der Gaststube mit dem Schmuck des Meeres auskleidete. Er hatte im Hamburger Hafen Berge von Muscheln liegen sehen, die Segelschiffe aus der ganzen Welt als Ballast mitbrachten, wenn ein Laderaum nicht gefüllt war. Der Wandschmuck kam bei den Gästen so gut an, dass der Saal ebenfalls mit Muscheln und Muschelbildern des Malers gestaltet wurde. »Kolles Alter Muschelsaal« – eine erste Adresse in Büsums Hafenstraße.

Mit dem Gezeitenstrom kann man in die offene Nordsee fahren.

INFO

Kur und Tourismus Service Büsum
Südstrand 11, 25761 Büsum
Tel. 04834 9090
www.buesum.de

Kolles Alter Muschelsaal
Hafenstraße 27, 25761 Büsum
Tel. 04834 2440
kolle-buesum@t-online.de

FRIEDRICHSKOOG

»Moby Dick« und »Robbie«

Weites, plattes Land zwischen Kohl, Raps und Nordsee: Direkt am Nationalpark Schleswig-Holsteinisches Wattenmeer liegt der kleine Fischerort Friedrichskoog, der durch die Seehundstation deutschlandweit bekannt ist. Der hier im Hafen »gestrandete« überdimensionale Wal namens »Moby Dick« wurde im Dezember 2008 für Besucher eröffnet. In seinem Bauch: eine Erlebniswelt für Groß und Klein!

Der neue Indoor-Spielpark ist allein durch die Form schon von Weitem zu erkennen. Durch die Schwanzflosse gelangt man in den Körper des großzügig verglasten Giganten. Zu den wetterunabhängigen Angeboten gehören die Nemo-Kletterwand, ein spannendes Labyrinth mit vielen Rutschen, Brücken und Seilen, die Trampolinanlage, eine Elektro-Kart-Bahn und vieles mehr. Über das riesige Walmaul kommen die Besucher in den großzügig gestalteten Außenbereich des

Spielparks und zu der Wasserfontäne, die der Meeresriese regelmäßig in die Luft bläst.

Geruhsamer, aber nicht weniger spannend, geht es in der Seehundstation zu: Sie ist die einzige autorisierte Aufnahmestelle für verlassen oder erkrankt aufgefundene Robben in Schleswig-Holstein. Schon aus der Ferne ist die Station an der Trischenbake zu erkennen. Die einstige Rettungsstation der Insel Trischen ragt heute als Aussichtsturm hoch über dem Informationszentrum und Freigelände der Station hinaus. Erwachsene und Kinder können die Seehunde ganzjährig in den naturnah angelegten Becken beobachten, bei Fütterungen zuschauen, interessanten Vorträgen lauschen oder das Informationszentrum mit seinen multimedialen Erlebnis- und Spielangeboten besuchen. Rund 50 verwaiste Seehunde, aber auch Kegelrobben, werden hier jährlich aufgezogen, um später in der Nordsee wieder ausgewildert zu werden. Einige bleiben auch als Dauergäste in Friedrichskoog. Sieben Heuler- und fünf Quarantänebecken stehen den Jungtieren in Friedrichskoog zur Verfügung. Die Robben, die hier ankommen, werden an der gesamten Nordsee- und Ostseeküste Schleswig-Holsteins geborgen.

Spannend geht es in der Seehundstation zu.

INFO

Tourismus-Service Friedrichskoog
Koogstr. 141, 25718 Friedrichskoog
Tel. 04854 904940

Seehundstation Friedrichskoog e.V.
An der Seeschleuse 4
25718 Friedrichskoog
Tel. 04854 1372
www.seehundstation-friedrichskoog.de

Roter Fels im Meer

Wer sich dem mehr als 50 Meter aus der Nordsee aufragenden, roten Buntsandsteinfelsen mit der Langen Anna und dem Lummerfelsen auf dem Seeweg nähert, wird diesen Anblick so schnell nicht wieder vergessen. Helgoland beherrscht die Deutsche Bucht, mehr als 70 Kilometer vom Festland entfernt. Deutschlands bekanntester Seeräuber, Klaus Störtebeker, fand hier seinen Schlupfwinkel, bevor ihn Hamburgs Flotte besiegte und der Henker kurzen Prozess mit ihm machte.

Der »kolossale steinerne Würfel«, wie der Dichter Friedrich Hebbel die Hochseeinsel nannte, hat eine wechselvolle Geschichte erlebt. Erst unter Gottorfer, dann ab 1714 unter dänischer Ägide, fiel die Insel zu Beginn des 19. Jahrhunderts an die Briten. 1890 tauschte das Deutsche Reich Sansibar gegen Helgoland. Der Marinestützpunkt erhielt erst im

Kaiserreich, später im Dritten Reich, stark bewaffnete Festungsanlagen und einen ausgedehnten U-Boot-Bunker. Der Versuch der Briten, die Insel nach dem Krieg mit 6700 Tonnen Sprengstoff zu zerstören, scheiterte an dem harten Buntsandstein, der nur einen Teil seiner Fläche verlor. Reste der ehemaligen Bunkeranlagen können besichtigt werden.

Das heimliche »Juwel« der Insel ist die Badedüne.

Wenn am Nachmittag die Touristenschiffe Kurs aufs Festland genommen haben, ist Helgoland eine Oase der Ruhe. Das Bild des Hafens prägen bunte Hummerbuden, hölzerne Geräteschuppen der Fischer. Die Hummer um Helgoland stehen inzwischen unter Schutz, ihr Bestand ist stark zurückgegangen. Stattdessen sind die »Knieper«, eine Krebsart, eine beliebte Delikatesse auf der Insel.

Das heimliche »Juwel« der Insel, die Badedüne, liegt rund einen Kilometer neben der Hauptinsel. Mit einer Fähre geht es zu den beiden traumhaft weißen Stränden. Es riecht nach Meer und Salz. An manchen Tagen tummeln sich bis zu 350 Seehunde und Kegelrobben am Strand. Ursprünglich war die Düne durch einen Wall aus Sand und Geröll mit der Hauptinsel verbunden, doch eine Sturmflut in der Neujahrsnacht des Jahres 1721 riss Insel und Düne auseinander.

INFO

Helgoland Touristik
Lung Wai 28 (im Rathaus)
27498 Helgoland
Tel. 01805 643737
info@helgoland.de
www.helgoland.de

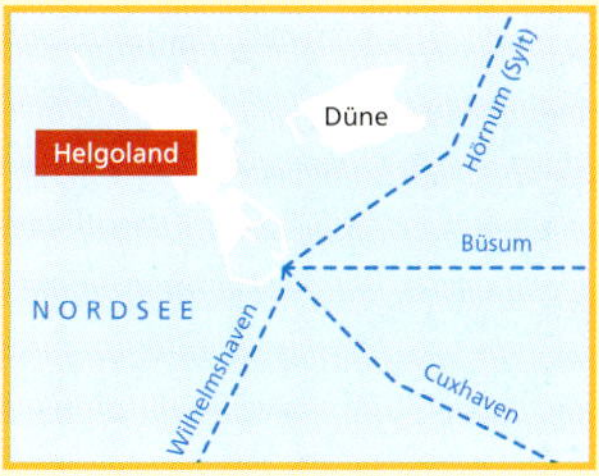

GLÜCKSTADT

Matjes und Gemüse satt

Sogar Gourmets unter den Fischliebhabern kommen beim Gedanken an den zarten, jungen Matjes ins Schwärmen, den Glückstadt alljährlich seinen Gästen serviert. Jeden dritten Donnerstag im Juni warten tausende Besucher gespannt darauf, dass der Bürgervorsteher die Kostprobe beginnt. Mit dem »Matjesanbiss« wird die neue Saison feierlich eröffnet. Anschließend wird vier Tage lang in der ganzen Innenstadt gefeiert – mit Flohmarkt und Kindermeile, Kunsthandwerk, maritimer Kunst und Kultur.

Der junge, gerade geschlechtsreife Hering hat sich im Nordatlantik den Winter über frühjahrsfett gefressen und schwimmt in diesen Wochen gen Süden zum Laichen. Jetzt taugt er zum Matjes. In diesen Tagen stechen im dänischen Skagen die Fischer in See und nehmen Kurs auf die Doggerbank, um abzuschöpfen, was gemeinhin als »Silber des

Meeres« gilt. Der Niederländer Wilhelm Beukelzoon war es, der 1395 versehentlich die Art erfand, einen ordinären Hering in Matjes zu »vergolden«: Zunächst »kehlte« er seinen Fang – ein Schnitt unterhalb des Kopfes –, dann rupfte er die Eingeweide aus und salzte ihn zum Konservieren leicht ein. Die Bauchspeicheldrüse, die er im Fisch vergaß, birgt das Geheimnis des Erfolgs: Ihr Enzym lässt den Hering, zusammen mit dem Salz, reifen. Das Kehlen bereitet viel Mühe, das Reifen kostet reichlich Zeit, und beides mag heute kaum noch jemand investieren, weshalb es in Deutschland nur noch einen Ort gibt, der echte Matjes produziert – und das ist Glückstadt.

Christian wollte den »Pfeffersäcken« Konkurrenz machen.

Dänemarks Christian IV. gründete die Festung in der Elbmarsch. Sein Ziel war es, Hamburgs »Pfeffersäcken« Konkurrenz zu machen. Sein hehrer Wunsch ging glücklicherweise nicht in Erfüllung, doch Fortuna ziert seitdem das Wappen der Elbestadt. Steuerprivilegien und Religionsfreiheit zogen viele Glaubensflüchtlinge an. Holländische Siedler waren es, die sofort nach den Eindeichungen der Wildnis mit dem Gemüseanbau begannen. Heute ist hier – neben Dithmarschen – das größte Anbaugebiet in Schleswig-Holstein.

INFO

Tourist Information Glückstadt
Große Nübelstraße 31
25348 Glückstadt
Tel. 04124 937585
Fax 04124 937586
www.glueckstadt-tourismus.de

HAMBURG

Klein, aber fein

Es soll ja immer noch Hamburger geben, die davon überzeugt sind, dass die Szene der Stadt in Eppendorf oder Winterhude anzutreffen sei. Doch weit gefehlt: Hamburgs bunteste und lebendigste Szene liegt auf dem Kiez in St. Pauli und im Schanzenviertel.

Es ist ein Genuss, durch die Straßen des Schanzenviertels zu schlendern, dem Treiben zuzuschauen und die köstlichen Düfte exotischer Früchte und Gewürze zu genießen. In den Straßencafés treffen sich Künstler, Manager, Kaufleute und Musiker. Es wird geflirtet und gelacht, philosophiert und geschnackt. In Windeseile vergeht der Tag. Wenn der Hunger schließlich groß genug ist, lohnt sich der Weg in den Kleinen Schäferkamp. Arthur Richelmann führt das kleinste Restaurant der Elbmetropole, die Williamine. Sechs Tische und 18 Stühle füllen den kleinen Raum, der unweigerlich an Mamas Essecke erinnert. Jeden Gast empfängt der Chef persönlich. Kein Wunder, denn Arthur Richelmann ist nicht nur ein ausgezeichneter Koch, sondern auch Schauspieler. Bekannt wurde er als Hauptkommissar Schäfer in der Fernsehserie »Blankenese«. Sein Traum war jedoch immer sein eigenes Restaurant.

Die Wohnzimmeratmosphäre ist gewollt. Schnell entwickeln sich Gespräche von Tisch zu Tisch, und so manch lange Freundschaft fand ihren Anfang in der Williamine. Während die Gäste bei einem guten Glas Wein plaudern, zieht sich der Chef in die Küche zurück. Sie ist wahrscheinlich auch die kleinste Restaurantküche der Stadt. In ihr zaubert der schauspielernde Koch herrliche Speisen aus dem, was er am Vormittag auf dem Markt und in den kleinen Läden im Schanzenviertel entdeckt hat. Der Renner: das Überraschungsmenü. Ob Kalbshaxe, Rote-Beete-Schaumsuppe oder Fisch, alles wird frisch zubereitet. Und wenn der kochende „Ex-Kommissar" die Küche wieder verlässt, gibt er gern Anekdoten aus der Welt des Films und des Theaters zum Besten. Der Palatschinken mit beschwipster Pflaume rundet schließlich einen gemütlichen und humorvollen Abend ab.

Schnell entwickeln sich Gespräche von Tisch zu Tisch.

Restaurant Williamine
Arthur Richelmann
Kleiner Schäferkamp 16
20537 Hamburg
Tel.: 040 444497
www.williamine.de

HAMBURG

Fisch und Bananen

Ein Muss für Frühaufsteher und ausdauernde Nachtschwärmer: ein Besuch auf dem sonntäglichen Fischmarkt. Auf Hamburgs traditionsreichstem Markt wird im Schatten der 100 Jahre alten Fischauktionshalle seit 1703 so ziemlich alles gehandelt, was nicht niet- und nagelfest ist. Ein Erlebnis, das man sich auf gar keinen Fall entgehen lassen sollte.

Die Hamburger wissen das und Gäste sollten es in der Liste der sehenswerten Highlights weit oben unterbringen. Allerdings ist zeitiges Aufstehen angesagt: Im Sommer beginnt das Spektakel am Elbufer zwischen Hafen- und Großer Elbstraße bereits um fünf Uhr, im Winter zwei Stunden später. Nachtschwärmer von der Reeperbahn stehen hier Seite an Seite mit luftig gekleideten Urlaubern und Managern in dunklen Anzügen – friedlich beißen sie in ihre Fischbrötchen und schlürfen dazu heißen Kaffee. Und während die einen darauf warten, dass die Lebensgeister zurückkehren, beginnt für manche der Tag gerade erst! Menschentrauben vor den Wagen der Händler und Marktschreier – hier wird direkt vom LKW verkauft! Da fliegen Bananen durch die Luft, Plastiktüten voller Wurst wechseln zum Spottpreis den Besitzer, Blumentöpfe klatschen zu Boden und Aale-Dieter brüllt sich die Händler-Seele aus dem Leib und stürzt sich dabei verbal auf seine Kunden. Der Hamburger Fischmarkt bietet fast alles, was das Herz begehrt: fangfrischen Fisch, Blumen, Obst, Wurst, Schmuck, Buddha-Figuren, angestaubte Kaffeekannen, Sonnenbrillen, quicklebendige Entenküken und Hamburg-Souvenirs.

Hier wird direkt vom LKW verkauft.

Einzige Ausnahme: Alkohol wird nicht ausgeschenkt. Schluss mit dem Spektakel ist bereits um halb zehn. Nebenan in der 100 Jahre alten Fischauktionshalle wird sonntags schon frühmorgens bei freiem Eintritt live gejazzt, gerockt und getanzt. Seiner ursprünglichen Funktion als Grundversorgungsmarkt ist der Fischmarkt treu geblieben. Auf den rund 20 000 Quadratmetern finden durchschnittlich 300 Händler pro Woche ihren Platz, davon sind die meisten Stammhändler.

INFO

Fischmarkt
St. Pauli Fischmarkt 2
20359 Hamburg

Die Welt des Kaffees

An der Elbe spazieren gehen, im Hafen große Schiffe gucken, und dann in die Speicherstadt. Das macht müde, und ein guter Kaffee wäre da genau das Richtige. Wie wäre es mit einem Besuch der Kaffeerösterei Burg in Eppendorf? Eigentlich braucht man nur der Nase nach zu gehen, denn schon von Weitem hängt betörender Kaffeeduft in der Luft. Seit über 80 Jahren wird hier, in einer der letzten privaten Röstereien, Kaffee für Genießer aus erlesenen Bohnen gezaubert.

Ein Blick hinein versetzt uns ohne Umschweife ins vorige Jahrhundert: alte Regale mit kleinen Schübchen, nostalgische Kaffeemühlen, Tassen, bunte Reklameschilder und Blechbüchsen. Heute können die Kunden zwischen 24 reinen Kaffeesorten, 45 Aromakaffees mit so klangvollen Namen wie Hawaii Kona Haselnuss und Marzipan Cappuccino und sechs Espressosorten wählen.

Ein kleines Museum im Hinterhof präsentiert Nostalgisches – rund 3000 Ausstellungsstücke hat Jens Burg, der »Kaffeekönig von Eppendorf«, in den Jahren zusammengetragen, darunter allein 900 verschiedene Kaffeemühlen. Das »Sammelsurium« aus Säcken, Trommelröstern, Pfannen, Reklameschildern, Blechdosen, Kannen, Kesseln und Tassen vermittelt einen leidenschaftlichen Einblick in alles rund um die Bohne. Historisches ist genauso zu finden wie zahlreiche frische Roh- und Röstkaffeesorten. In der Museums-Kaffeerösterei wird vor Besucheraugen geröstet. Wer dieses urgemütliche, duftende Ambiente so schnell nicht wieder verlassen möchte, kann sich einer Führung anschließen.

In der Museums-Kaffeerösterei wird vor Besucheraugen geröstet.

Jens Burg kennt unzählige Anekdoten zu seinen Unikaten und versteht es, sie noch mit »lütten Döntjes« – wie der Hamburger sagt – zu würzen. Wie mit dem Histörchen von Beethoven, der exakt 60 Bohnen für jede Tasse seines geliebten Göttertranks abgezählt haben soll. Eine Verkostung in der Kaffeerösterei und ein Besuch des Rohstofflagers beschließen den Ausflug in die Welt des morgendlichen Wachmachers.

INFO

Kaffeemuseum Burg
Münsterstraße 23–25
22529 Hamburg
Tel. 040 55204258
Fax 040 55204261
info@kaffeemuseum-burg.de
www.kaffeemuseum-burg.de

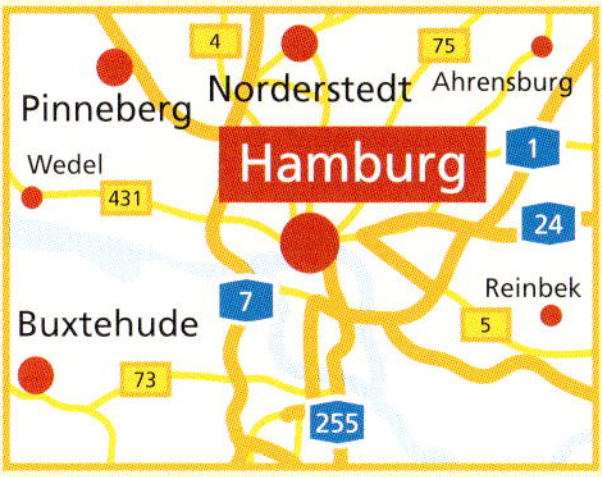

Erlebte Geschichte

Große und kleine Besucher erwartet im Freilichtmuseum am Kiekeberg ein unvergesslicher, erlebnisreicher Tag. Mitten im Naturpark Schwarze Berge erzählen über 30 historische Gebäude von Kultur und althergebrachter Lebensweise in Winsener Marsch und Heide. Eine spannende, lebendige Zeitreise für die ganze Familie. Das Gute daran: Kinder unter 16 Jahren zahlen keinen Eintritt.

Wie lebten die Menschen ohne Strom? Wie wurde die Wäsche gewaschen und wie hielt man Lebensmittel frisch? Wo kam das Wasser her und wie hat man gebadet? Dies und vieles mehr erfahren die wissbegierigen Besucher bei ihrem Rundgang durch das »lebendige Museum«. Neben den zwölf Mitmachstationen, die vor allem die Kleinen zum Toben animieren, machen die vielen Aktionstage rund ums Jahr das Museum so beliebt. Schlachtfeste, wie sie auf dem

Lande Brauch waren, finden ebenso statt wie Traktor- und Oldtimertreffen, Pflanzentage ebenso wie historische Jahrmärkte. Eindrucksvoll auch die »Gelebte Geschichte 1804«: Im Pringen Hof und seinen Nebengebäuden lässt sich hautnah miterleben, wie das Leben auf einem Bauernhof vor 200 Jahren ausgesehen hat. Kinder dürfen in Kiekeberg alles anfassen und selbst ausprobieren. Auf dem Wasserspielplatz können sie plantschen und physikalische Phänomene wie Wasserdruck und Strudelwirkung experimentell erfahren.

Kinder dürfen in Kiekeberg alles anfassen und ausprobieren.

Sehenswert sind die Nutztierrassen wie Pommersche Gänse, Ramelsloher Blaubeine oder Bunte Bentheimer Schweine. Und sollte das Wetter mal nicht so schön sein, lohnt sich der Besuch im Freilichtmuseum dennoch. Der Museumsladen zählt zu den besten Einkaufsadressen des Nordens, wenn es um Altbewährtes und oft längst Vergessenes geht: ob handgefertigte Seife oder Blechspielzeug, Gartenbücher oder selbst gemachte Wurst. In der Museumsgaststätte »Stoof Mudders Kroog« sind die Plätze derweil begehrt. Belegte Brote, hausgemachte Suppen, Eintöpfe und Bratkartoffelgerichte schmecken im ehemaligen Pfarrwitwenhaus einfach lecker – »wie bei Muttern« eben.

INFO

Freilichtmuseum am Kiekeberg
Am Kiekeberg 1
21224 Rosengarten (Ehestorf)
Tel. 040 7901760
info@kiekeberg-museum.de
www.kiekeberg-museum.de

WINGST

Die den Frühling bringt

Nur wenige Kilometer südlich der Elbe liegt Wingst. Umgeben vom Wingster Forst und der ursprünglichen Geest- und Marschlandschaft finden sich im anerkannten Luftkurort und an der unteren Oste zahlreiche Möglichkeiten für einen Wochenendausflug. Den besten Überblick verschafft man sich vom »Deutschen Olymp«, einer 61 Meter hohen Erhebung auf dem Geestrücken. Wer den Aufstieg auf den Aussichtsturm geschafft hat, wird von einem traumhaften Panoramablick über die wunderschöne und abwechslungsreiche Landschaft verwöhnt – bei gutem Wetter sieht man sogar die Schiffe auf der Elbe.

Doch es lohnt sich, wieder festen Boden zu betreten. Denn in der Wingst schlummert ein Blumenparadies, das in Europa wohl einmalig ist: Peter Fischers Kamelienzucht. Eine einzigartige Blütenpracht empfängt den Besucher – von Weiß über

Rosa bis zu einem tiefen, kräftigen Rot und Lila – duftende, zarte, gefüllte und ungefüllte Blüten, die den Frühling einläuten. Gemeinsam mit Sohn Malte hat Peter Fischer mittlerweile über 60 Kamelienwildarten und mehr als 900 Sorten kultiviert – davon können sich Besucher im Ausstellungshaus überzeugen.

Peter Fischers Begeisterung für die aus Ostasien stammende »Camellia« kennt keine Grenzen. Auf dem Baumschulgelände findet man reizvolle Themengärten. Etwa der verträumte japanische Garten, in dem sich zahlreiche fragile Blüten im Wasser des Teichs spiegeln. Im Kräutergarten wächst essbare Kamelie, aus der sich übrigens auch Tee zubereiten lässt, und im Sommergarten »lustwandelt« der Spaziergänger inmitten bestechender Farbakzente. Botanisch interessierte Kundschafter finden zudem im Arboretum mit Flieder, Magnolie, Hortensien und vielen anderen Gehölzen jede Menge Anregungen. Mittendrin im Paradies das Kamelien-Café. Auf der Terrasse kann man in Ruhe alles Revue passieren lassen, und der eine oder andere entscheidet sich jetzt sicher dafür, einen dieser prachtvollen Ziersträucher für den eigenen Garten mitzunehmen.

Mit Sohn Malte hat er über 60 Kamelienwildarten kultiviert.

INFO

Kamelienzucht Peter Fischer
Höden 16
21789 Wingst
Tel. 04778 263
Fax 04778 274
fischer@kamelie.de
www.kamelie.de

NEUWERK

Eins mit der Natur

Bei Flut schippert einen die »Alte Liebe« auf die Insel Neuwerk inmitten des Nationalparks Hamburgisches Wattenmeer. Auf der Nordseite der nur drei Quadratkilometer großen Insel, die – von einigen Unterbrechungen abgesehen – seit 700 Jahren zu Hamburg gehört, legt die Fähre an. Oder man fährt mit einem der Wattwagen des Sahlenburgers Dirk Fock, auf denen man bei Ebbe »trockenen Fußes« von Cuxhaven nach Neuwerk gelangt.

In der Sonne schimmernde Sandbänke, würzige, frische Nordseeluft und schreiende Möwen begrüßen den Besucher. Sonst ist es still. Autoverkehr gibt es hier so gut wie keinen. Nicht zu übersehen ist das Wahrzeichen Neuwerks, der Leuchtturm aus dem Jahr 1310, sozusagen Hamburgs ältestes Bauwerk. Wer dem hektischen Alltag länger den Rücken kehren möchte, kann in seinen alten Mauern sogar eine geruhsame Nacht verbringen. Bei einem Stopp im »Alten Fischerhaus« können sich die Neuwerk-Gäste stärken, bevor es unter fachmännischer Anleitung auf Erkundung des Watts geht. Während die Großen durch das in Prielen abfließende Nordseewasser wandern und dabei die Welt um sich herum vergessen, begeistern sich die Kleinen beim Buddeln nach Wattwürmern und beim Sammeln von Muscheln.

Das Neuwerker Watt und das schützende Außendeichgebiet, das Vorland, prägen das Leben auf der Insel, auf der etwa 40 Menschen ständig leben. Bevor es mit dem Pferdewagen bei Ebbe wieder zurück an Land geht, lohnt sich ein Ausflug durch den Schlick auf die acht Kilometer entfernte Insel Scharhörn, Vogelschutzinsel und streng geschütztes Naturschutzgebiet. Zum Glück für die Tiere darf der Besucher auch mit Vogelwart nur bis zur Vogelschutzhütte gehen und von da aus einen Blick auf die unberührte Natur genießen. Stockente, Brandgans, Küstenseeschwalbe, Austernfischer und Singvögel wie Feldlerche und Wiesenpieper sind hier völlig ungestört. Und damit das auch in Zukunft so bleibt, wurde südwestlich von Scharhörn die Insel Nigehörn aufgespült.

Nicht zu übersehen ist das Wahrzeichen Neuwerks.

INFO

Dirk Fock
Am Flockengrund 21
27476 Cuxhaven
Tel. 04721 201093
Fax 04721 291538
info@fock-cuxhaven.de
www.fock-cuxhaven.de

Das schwimmende Moor

Ein Land, in dem der Himmel bis auf die Erde reicht und Schiffe am Weserdeich den Eindruck erwecken, als würden sie durch die Wiesen fahren. Wir sind am Jadebusen, einer flaschenförmigen Meeresbucht, die im Mittelalter durch viele Sturmfluten einbrach und aus Siedlungen im Landesinneren urplötzlich Hafenorte machte. Ein weiter, freier Blick, frische Nordseeluft und Moor und Wiesen, so weit das Auge reicht.

Ein mobiles Naturdenkmal erwartet den Gast in der Gemeinde Jade: das schwimmende Moor. Die Reste eines ehemals weit ausgedehnten Hochmoorgebietes bedeckten in den vergangenen Jahrhunderten weite Teile der Wesermarsch. Durch den Bau des schützenden Deiches um 1725 wurde dieser Bereich vom restlichen Moor abgetrennt und ist seitdem den Naturgewalten Sturm und Meer ausgesetzt. Bei hoch auflaufenden Sturmfluten – 3,25 Meter und mehr über Normal Null – hebt sich das Außendeichmoor in seiner Gesamtfläche an: Es »schwimmt« sozusagen, weil unter dem Moor Schlick abgelagert ist. Kaum ein Besucher, den dieses einzigartige »Schauspiel« nicht gefangen nimmt. Über einen Bohlenweg kommt der Mutige dem geschützten Areal dicht an der Abbruchkante ein Stück näher.

Das Außendeichmoor steht unter Schutz. Große Vogelschwärme rasten hier im Frühjahr auf dem Weg in die nordischen Brutgebiete und dann wieder im Herbst. Neben Regenpfeifern, Brachvögeln, Strandläufern und anderen Watt- und Wasservögeln finden sich für kurze Zeit auch mehr als 10 000 Säbelschnäbler ein.

Ein weiter, freier Blick, frische Nordseeluft und Moor und Wiesen.

Typische Hochmoorpflanzen wie Sonnentau, Torfmoose und Salzwiesenpflanzen sind hier heimisch. Von einer Aussichtsplattform bietet sich den Besuchern ein einmaliger Blick auf das Moor und die Salzwiesen. Diese Plattform ist auch der Ausgangspunkt für den Salzwiesen-Erlebnispfad. Rund 40 Tafeln halten Informationen zu Flora und Fauna der Salzwiesen sowie zu den Themenkreisen Küstenschutz, Deichbau und Wattenmeer bereit.

INFO

Gemeinde Jade
Jader Straße 47
29349 Jade
Tel. 04454 899-0
Fax 04454 899-10
gemeinde@jade.kdo.de
www.gemeinde-jade.de

Pferdebahn statt Auto

Spiekeroog – das bedeutet vor allem: Keine Autos weit und breit! Wer von A nach B will, fährt Fahrrad oder geht gleich zu Fuß. Das passt auch zur gelassenen Inselatmosphäre, die übrigens schnell auf den Besucher abfärbt. Ohnehin sind die meisten Ziele auf Spiekeroog bequem zu Fuß ansteuerbar. Und wer etwas transportieren muss, mietet sich einfach einen Bollerwagen.

Ob Langzeit-Feriengast oder Tagesurlauber, Besucher der Insel können es etwas romantischer angehen lassen und die gute alte Pferdebahn benutzen – die letzte Schienenbahn, die in Deutschland noch von Pferden gezogen wird. Auf historischer Strecke geht es vom ehemaligen Bahnhof zum Westend. Der Blick schweift über sattgrüne Wiesen und tiefblaues Wasser. Spiekeroog ist ein grünes Eiland, weil die Insulaner schon vor 150 Jahren Wälder anlegten. Heute gibt es hier Sanddorndickichte, Schwarzkieferngehölze und Zitterpappelhaine – als Hintergrund für eine Tour auf dem Drahtesel wie geschaffen. Mit etwas Glück stößt man in den Wäldern sogar auf Pilze, denn Butter-, Stein- und Birkenpilze haben sich hier angesiedelt. Die luftigen Regionen teilen sich Buchfink, Star und Waldohreule. Ruhig ziehen Turmfalken am Himmel ihre Kreise. Die andere Seite Spiekeroogs ist das Meer. Mit Ebbe und Flut, Watt und Strand, Wind und Weite. Manchmal auch mit rauem Sturm.

Mit etwas Glück stößt man in den Wäldern sogar auf Pilze.

Große und kleine Muschelsucher können hier besonders nach wilden Fluten reiche Beute machen. Wer mag, kann sein Wissen im kuriosen Muschelmuseum im Haus des Gastes Kogge auffrischen. Statt wissenschaftlicher Bezeichnungen tragen die Muscheln, die vor allem aus Südostasien stammen, hier fantasievolle Namen; je nach Form, Farbe oder Muster. Und sie sind nicht eintönig aufgereiht, sondern liegen in bunten Gruppen beieinander. Raritäten gibt es nicht zu sehen! Denn was in der Natur ohnehin selten vorkommt, braucht besonderen Schutz und bleibt deshalb unangetastet. Doch immerhin 4000 Schalen können hier bestaunt werden!

INFO

Nordseebad Spiekeroog
Postfach 11 60
26466 Spiekeroog
Tel. 04976 9193-101
Fax 04976 9193-213
info@spiekeroog.de
www.spiekeroog.de

HEILIGENRODE

Es klappert die Mühle …

Der Naturpark Wildeshauser Geest empfiehlt sich seit Jahrzehnten als gern besuchtes Wander- und Erholungsziel für Gäste aus nah und fern. 1992 wurde er um das Gebiet der Delmenhorster Geest erweitert und mehr noch als bisher den naturräumlichen Grenzen angepasst.

Idyllisch eingebettet in die reizvolle, überwiegend agrarisch geprägte Vorgeestlandschaft am Lauf des Klosterbaches liegt Heiligenrode. Der kleine Ort verdankt seine Entstehung der Gründung des Benediktinerklosters im Jahre 1182. Schmuckstück ist neben der Klosterkirche St. Marien das unter Denkmalschutz stehende Mühlenensemble mit der Wassermühle. Auf einem geführten Rundgang erfährt man hier, woher unsere krossen Sonntagsbrötchen kommen.
Das Mühlenensemble, ursprünglich Teil des alten Klosters, besteht aus Klosterbach, Mühlenteich, Müllerscheune, Was-

sermühle, Mühlenwehr, Backhaus und altem und neuem Müllerwohnhaus. Kernstück ist die Wassermühle aus dem 19. Jahrhundert, deren mächtiges Rad im Innern die Mahlgänge für Futter- und Backschrot antreibt.

Fast 140 Jahre befand sie sich im Besitz der Familie Steffens, bis ihre aktive Zeit 1971 zu Ende ging. Der Mühlen-Gemeinschaft ist es zu verdanken, dass die »alte Dame« heute wieder funktioniert. Gleich daneben die ehemalige Mühlenscheune, die historische Landmaschinen zum Anbau und zur Ernte des Getreides beherbergt. Der nahe gelegene, rote Backsteinbau diente der Familie als erstes Wohnhaus. Diele, Müllerstube und ein größerer Raum werden heute für Ausstellungen genutzt. Das neuere Domizil der Familie entstand als Vierständer-Fachwerkhaus um 1750. Damals sind Müller und Schäfer hier eingezogen. Mittlerweile ist er zum Atelier ausgebaut, in dem im jährlichen Wechsel Künstlerinnen und Künstler als Stipendiaten der Gemeinde Stuhr leben und arbeiten. Gegenüber der Wassermühle steht das alte Backhaus von 1817, in dem regelmäßig Schau-Backtage stattfinden. Natürlich kann man die herrlich duftenden Brote auch probieren!

Das alte Müllerwohnhaus entstand als Vierständer-Fachwerkhaus.

INFO

Klostermühle Heiligenrode
An der Wassermühle 1
28816 Stuhr
Tel. 04206 7394
rudolf.franke@muehle-heiligenrode.de

BADBERGEN

Wie aus dem Bilderbuch

Wo immer man sich gerade im Artland befindet, sieht man am Horizont gleichzeitig mehrere einzeln gelegene Bauernhöfe. Alleen und mächtige Eichen umrahmen die Fachwerkensembles und prägen die sanfte, parkähnliche Landschaft. Es ist ein Bauernland wie aus dem Bilderbuch. Eigentlich viel zu schade für eine Stippvisite …

Diese in Europa einmalige Bauernkultur war für die Landschaft zwischen Quakenbrück, Badbergen, Nortrup und Menslage schon seit alters her der bestimmende Faktor. Höfe, bei denen die Betreiber eines jeden Freilichtmuseums ins Schwärmen geraten würden, stehen hier seit Jahrhunderten »frei« in der Landschaft. Mit etwa 1000 Gebäuden, die unter Denkmalschutz stehen, breitet sich vor dem Besucher ein einzigartiger Kulturschatz aus. Badbergen mit seinen alten Höfen und traditionellen Giebeln gehört dazu. Wer in eines der Artländer Bauernhäuser eintritt, wird von der Fülle alten bäuerlichen Hausrates überrascht sein. Vor allem die alten Möbel mit ihren Schnitzereien und das Zinngeschirr sind typisch für die ursprüngliche Einrichtung des Landvolks.

Als idyllisch gelegener, historisch erhaltener Vierseithof mit niederdeutschem Hallenhaus empfängt die Hofanlage Sickmann ihre Gäste. Liebevoll eingerichtete Ferienwohnungen stehen für Erholung suchende Städter bereit. Mit dem Fahrrad von Hof zu Hof fahren, Schwimmen, Wandern, Bogenschießen, Reiten, Kanu fahren oder unter den riesigen Eichen einfach nur die Seele baumeln lassen und die Landidylle genießen: Bei Sickmanns kommen Stressgeplagte endlich zu Ruhe und Besinnung. Wer sich auf seinen Drahtesel schwingt, um gemächlich einige Runden durch die traumhafte Landschaft zu drehen, fährt gern nach Groß-Mümmelage und macht unterwegs in Omas Plüschcafé in Everdings Mühle einen Halt. Inmitten von Heidschnucken und Jakobsschafen schmecken Artländer Waffel oder Bio-Mühlenbrot besonders gut. Ein Erlebnis für die ganze Familie ist das Mühlenkino. In historischem Ambiente werden hier Filme vorgeführt.

Vor dem Besucher breitet sich ein einzigartiger Kulturschatz aus.

INFO

Samtgemeinde Artland
Markt 1
49610 Quakenbrück
Tel. 05431 182-0
Fax 05431 182-127
info@artland.de
www.artland.de

Drahtesel oder Draisine?

Parkartige Landschaften, steile Geesthänge, naturnahe Flussauen sowie Moor- und Heideflächen prägen das Landschaftsbild entlang der Hase. Die abwechslungsreiche Landschaft mit Bauernhöfen, Kirchen, Klöstern und reizenden Ortschaften ist ein wahres Erholungsgebiet für jeden, der sein Auto gern einmal mit dem Drahtesel tauscht. Die herrlich sanfte Wegstrecke eignet sich auch für Ungeübte.

Wer Lust hat, kann sich sogar einer mehrtägigen, organisierten Radtour anschließen. Die »Harmonie-Tour« folgt den Windungen der Hase fernab der Hauptverkehrsadern – 155 Kilometer in drei Tagen vorbei an romantischen Schlössern, majestätischen Mühlen, verborgenen Artlandhöfen und alten Schleusen. Übernachtet wird in einladenden Landgasthöfen. Bis in die Steinzeit zurück führt die beliebte »Entdecker-Tour«. Der Radler stößt unterwegs auf uralte Großsteingräber, umgeben von bemoosten Buchen und knorrigen Eichen, historische Bauwerke und urwüchsige Natur. Für diejenigen, die eine Woche auf Erkundigung gehen möchten, hält die »Boxenstopp-Tour« in sechs Tagen jede Menge Spaß bereit. Für jeden Typ findet sich hier eine maßgeschneiderte Route.

Ein echter Geheimtipp ist die Draisinentour – so gelangen auch verwöhnte Städter mit der Kraft ihrer Arme ans Ziel. Auf vier Rädern rollt die mehrköpfige Besatzung bequem über die Schienen der stillgelegten Bahnstrecke zwischen Bippen und Fürstenau. Am idyllisch gelegenen Schienenstrang laden Gaststätten, Cafés und neu eingerichtete Picknickplätze zu längeren Pausen ein. Bei der Handhebeldraisine, die neue Einsichten in die malerische Landschaft zwischen Quakenbrück und Nortrup gewinnen lässt, dürfen die Füße einmal ausruhen. Das mehrere hundert Kilogramm schwere Stück wird durch Pumpen und Wippen in Bewegung gesetzt und gehalten. Während die einen im Stehen ihre Muskeln spielen lassen, sitzen die Ersatzakteure auf der »Reservebank« und lassen sich dort den Fahrtwind um die Nase wehen. Ganz nebenbei genießen sie den herrlichen Blick in die Natur.

Übernachtet wird in einladenden Landgasthöfen.

INFO

Samtgemeinde Artland
Markt 1
49610 Quakenbrück
Tel. 05431 182-0
Fax 05431 182-127
info@artland.de
www.artland.de

BÖRSTEL

Ein besonderer Zauber

Das Naturschutzgebiet Hahnenmoor, noch vor wenigen Jahrzehnten eines der wildesten und zerstochensten Hochmoore Niedersachsens, hat sich mittlerweile einen festen Platz unter Touristen erobert. Ein Landschaftsidyll, von dem ein ganz besonderer Charme ausgeht.

Früher war das ganz anders: Über Jahrhunderte diente das Hahnenmoor den umliegenden Gemeinden als Torfreservoir für den Heizbedarf. Mit der Industrialisierung wurde das Gebiet im großen Stil ausgebeutet. Doch das ist lange her: Inzwischen wurden große Flächen wieder vernässt, damit weißes Schnabelried, Blumenbinse, Schlammsegge und schmalblättriges Wollgras wieder wachsen können und Libellen, Moorfrösche oder die selten gewordene Kreuzotter – einzige Giftschlange Norddeutschlands – neuen Lebensraum finden. Zur Zeit der Wollgras- oder der Heideblüte ist es im Hahnenmoor besonders reizvoll. Das schmalblättrige Wollgras trägt übrigens entscheidend zur neuerlichen Torfbildung bei.

Als ganz besonderer Ort mitten im Wald hält das Damenstift Börstel unbeirrt moderner Zeiten seine Stellung. Nach alter Zisterziensertradition liegt es eine gute Stunde Fußweg von der nächsten menschlichen Ansiedlung entfernt. Die besondere Ausstrahlung dieses frühgotischen Backsteinbaus umfängt jeden Besucher, der durch das niedrige Südportal die Kirche betritt. Die sanfte Stille, die sich hier spürbar ausbreitet, lässt etwas vom Geist klösterlicher Abgeschiedenheit ahnen. Bei den Stiftsdamen können Ruhebedürftige eines der einfachen Gästehäuser mieten und in aller Abgeschiedenheit einige Tage verbringen. Hektik ist hier ein Fremdwort. Vorrangig ist das Stift seit seiner Gründung bis zum heutigen Tag Lebensort alleinstehender Frauen geblieben, die in einer christlichen Gemeinschaft leben und arbeiten möchten. Gerne führen sie Besucher durch das Kloster. Hungrige werden in der alten Stiftsschänke und im dazugehörigen Biergarten in unmittelbarer Nähe zu den alten Forellenteichen liebevoll bewirtet.

Seit dem Mittelalter hat sich nichts daran geändert.

INFO

Damenstift Börstel
49626 Börstel
info@stift-Börstel.de
www.boerstel.de

DÜMMER

Der See ist ein Paradies

Still und ruhig, ja fast mystisch ist es am Dümmer, dem zweitgrößten See Niedersachsens. Der Sage nach hat ein Riese den Dümmersee geschaffen. Von den Zwergen aus dem Schlaf gekitzelt, sprang er zornig auf und versuchte, die Wichte in ihren Erdhöhlen zu fangen. Doch so sehr er auch buddelte, Sand und Steine mit bloßen Händen beiseite schaffte, die frechen Zwerge entwischten. Zurück blieben eine Kuhle, die sich mit Wasser füllte, und zwei Höhenzüge: die Dümmer und die Dammer Berge. Wie geschaffen für einen Familienausflug mit dem Fahrrad.

Besonders tief hat der Riese allerdings nicht gerade gegraben, denn der See ist durchschnittlich gerade einen Meter tief. Doch es reicht für ein kleines Paradies. Hier machen nicht nur die Zugvögel Pause, auch viele vom Aussterben bedrohte Vogelarten – Kiebitz, Weißstorch, Trauerseeschwalbe, Bekassine – lassen sich mit etwas Geduld in Augenschein nehmen. Der 30 Kilometer lange, ausgeschilderte Weg, der um den See führt, lädt dazu ein, in die Naturidylle einzutauchen. Auch weniger geübte Radfahrer schaffen diese Strecke an einem Tag, denn Stopps zum Ausruhen und Verweilen finden sich mehr als genug. Los geht es in Lembruch in südlicher Richtung am Deich entlang.

Lohnenswert ist ein Abstecher ins ehemalige Fischerdorf Hüde. Über Marl führt die Radtour Richtung Stemweder Berg weiter nach Lemförde. Pflanzenfreunde werden an der hier ansässigen Orchideenzucht ihre Freude haben. Wer mag, kann von Lemförde aus einen Abstecher ins westlich gelegene Ochsenmoor unternehmen. Von dort führt die Tour über Stemshorn weiter in den winzigen Ort Quernheim, in dem gerade mal 500 Menschen leben. Und die sind stolz auf ihre idyllischen Fachwerkhäuser und die malerischen Höfe. Über Hüde lenkt der schon bekannte Weg wieder zum Ausgangspunkt nach Lemförde zurück. Dort bieten sich gemütliche Cafés und Gaststätten an, um nach der Tour wieder zu Kräften zu kommen.

Auch weniger geübte Radfahrer schaffen diese Strecke.

INFO

Touristinformation Dümmerland
Große Straße 76
49459 Lembruch
Tel. 05447 242
Fax 05447 921572
www.duemmer.de

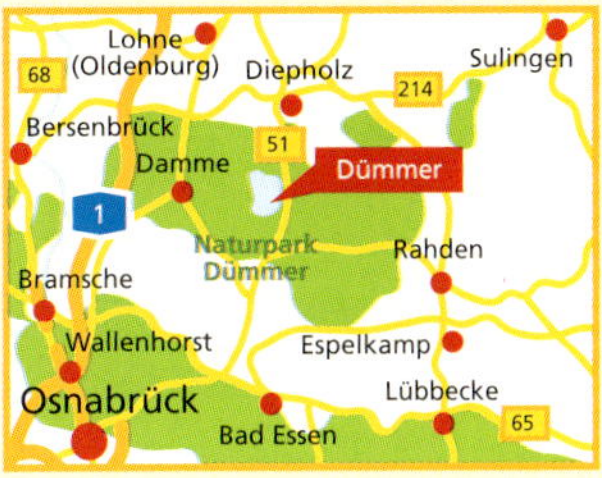

IPPENBURG

Nicht nur für Gartenfreunde

Umgeben von einer malerischen Feld-, Wiesen- und Parklandschaft liegt, versteckt hinter hohen, alten Kastanienbäumen, Schloss Ippenburg, das sich in den vergangenen Jahren zu einem wahren Wallfahrtsort für Gartenliebhaber herausgeputzt hat. Der neugotische Bau, seit 600 Jahren im Besitz der Familie von dem Bussche, hat zwei Vorgängerbauten, eine befestigte Trutzburg aus der Zeit des späten Mittelalters und ein barockes Herrenhaus, das nach dem Dreißigjährigen Krieg entstand.

Auf dem Ippenburger Schloss lebt seit 1976 Viktoria Freifrau von dem Bussche. Zunächst bezog sie mit ihrem Mann Philip ein Kötterhaus auf der Wiese, später siedelte die junge Familie dann in das Schloss um. Von Anfang an kamen ihr die grauen Mauern wie ein steinerner Koloss vor, den sie mit einem Blütenmeer umgeben und freundlich und einladend wirken lassen wollte. Gesagt, getan. Die jetzige Gartenanlage entstand Schritt für Schritt nach dem Vorbild englischer Cottagegärten. Historische Gartenbereiche wurden erhalten oder rekonstruiert. Uralte Eichen, Kastanien und Buchen finden sich im Umfeld des Schlosses und geben einen reizvollen Rahmen für die Gebäude und die neuen Gartenbereiche. Ob die duftenden Rosenblüten, die Schrebergärten, der geheimnisvolle »Fleurs du mal«, der biedermeierliche Großmuttergarten oder andere Themengärten: Freunde der Gartenkultur erleben hier nicht nur unbeschwerte Stunden, sie kommen auch mit vielen neuen Anregungen wieder nach Hause. Schloss Ippenburg hat sich mit »Gartenlust & Landvergnügen«, der jährlichen Dauerausstellung der Ippenburger Gärten und dem Herbstfest in der Zwischenzeit zu einer »ersten Adresse« der Gartenlust entwickelt und lockt jedes Jahr wieder rund 60 000 Gartenliebhaber aus dem In- und Ausland an.

Historische Gartenbereiche wurden erhalten oder rekonstruiert.

Während Viktoria Freifrau von dem Bussche sich den Gartenanlagen widmet, lenkt ihr Mann die Geschicke des landwirtschaftlichen Betriebes. Jeweils 300 Hektar Acker und Wald wollen bestellt werden.

INFO

Viktoria Freifrau von dem Bussche
Ippenburg Festival
Schloss Ippenburg
49152 Bad Essen
Tel. 05472 4475
Fax 05472 2764
info@ippenburg.de
www.ippenburg.de

Einmal Burgfräulein sein

In unmittelbarer Nachbarschaft zu den Niederlanden liegt die Grafschaft Bentheim, der wohl fahrradfreundlichste Landkreis Niedersachsens. Für Freunde der Fietse, so nennt man das Fahrrad hier, hält die Grafschaft alles bereit, was das Radlerherz erfreut. Von der Burg Bentheim bis zu Kunstwerken in der Natur, vom geschäftigen Nordhorn bis zur Idylle auf dem Bauernhof.

Wer das mittelalterliche Lebensgefühl nachempfinden möchte, ist in der mächtigen Sandsteinburg Bentheim genau richtig. Die größte Höhenburganlage Niedersachsens thront inmitten des Kurortes Bad Bentheim auf einem Ausläufer des Teutoburger Waldes. Schon von Weitem prägt sie die Silhouette der historischen Stadt. Hinter den fünfeinhalb Meter dicken Mauern, die dem Schutz vor feindlichen Eindringlingen diente, ist die Geschichte heute noch lebendig

– zwischen Rittersaal, Pulverturm und Folterkammer. Also, nichts wie rauf auf den Pulverturm, um einen fantastischen Fernblick zu genießen. Kinder können in der Zwischenzeit als Burgfräulein und Burgherr auf eine spannende Entdeckungsreise zu Schlossgespenstern und Rittern gehen. Noch ein Blick ins Ernst-August-Zimmer, einem prachtvollen Empfangsraum, in dem sich heute Paare trauen lassen, oder in das Schlafzimmer im Rokoko-Stil … Wenn es dann plötzlich zischt und brodelt, ist man in der geheimnisvollen Alchemistenküche angekommen, in der eine spannende Ton-Lichtschau die Besucher ins Zeitalter der Hexenmeister versetzt. Im Ernst-August-Zimmer, einem prachtvollen Empfangsraum, kann man sich heute das Jawort geben.

Hinter den dicken Mauern ist die Geschichte noch lebendig.

Für Große und Kleine gleichermaßen spannend ist ein abendlicher Streifzug mit dem Nachtwächter durch Bad Bentheim. Zu traditionellen Nachtwächtergesängen gibt es amüsante Geschichten aus der Stadt und urige Anekdoten. Und allen, die noch immer nicht müde sind, winkt ein krönender Abschluss im Theater in der Franzosenschlucht, dessen zauberhafte Kulisse Jung und Alt in den Bann zieht.

INFO

Touristinformation
Bad Bentheim
Schlossstr. 18
48455 Bad Bentheim
Tel. 05922 98330
Fax 05922 983320
info@badbentheim.de
www.badbentheim.de

Faszinierende kleine Tiere

Einst ein kleines beschauliches Fischerdorf, ist Steinhude heute beliebter Erholungsort im Naturpark Steinhuder Meer, dem größten Binnensee Nordwestdeutschlands. Segeln und Surfen, Bootstouren, eine Badeinsel mit feinem Sandstrand, kulinarische Fischspezialitäten, ein historisches Scheunenviertel und zahlreiche Veranstaltungen locken die Urlauber in Scharen an. Ein Tipp für alle, die einen unbeschwerten Ferientag genießen möchten.

Doch nicht nur das Meer bei Steinhude ist erlebenswert. Beliebte Attraktion und erholsamer Kontrast für den Besucher, der es ruhiger angehen lassen will, ist eine gemächliche Kutschfahrt von Wunstorf aus durch die Schaumburger Landschaft. Auf der Kutsche oder im Planwagen fühlt man sich in vergangene, weniger hektische Zeiten zurückgesetzt. Bei dem traumhaften Blick in die Landschaft können die

Gedanken schweifen. Die gutmütigen Kaltblutpferde von Bernd Hildebrandt ziehen die Wagen vorbei an Sehenswürdigkeiten und Naturschönheiten und machen Stopp, so oft es die Mitfahrer wünschen.

Da geht es im Steinhuder Insektarium schon etwas aufregender zu: Krabbelnde Käfer, gruselige Vogelspinnen, Ameisen, Skorpione, Gottesanbeterinnen, Tausendfüßler und viele Insekten mehr tummeln sich in den Terrarien. Da viele von ihnen erst nachts aktiv werden, lohnt es sich, an einer geführten Nachtwanderung teilzunehmen – Gänsehaut garantiert! »Ungefährlicher« ist es in der angrenzenden Schmetterlingsfarm. In der Freiflughalle flattern große und kleine exotische Schmetterlinge durch die Luft. Die wunderschönen Farben der Falter mit bis zu 15 cm Spannbreite, die zwischen Blüten und tropischen Pflanzen gaukeln, faszinieren alle naturverbundenen Leute, ob klein, ob groß. Etwa 600 farbenprächtige Exemplare schwirren inmitten einer tropischen Pflanzenwelt und sind hautnah zu erleben. In Großbritannien gezüchtet, schlüpfen die Puppen in Steinhude. Mit etwas Glück kann man live erleben, wie ein Schmetterling sich entfaltet.

Ungefährlicher ist es in der angrenzenden Schmetterlingsfarm.

INFO

Kutschfahrten Bernd Hildebrandt
Brinkstr. 20a
31515 Wunstorf-Idensen
Tel. 05031 912253
www.kutschtouren.de

Schmetterlingsfarm
und Insektenmuseum
Am Knick 5, 31515 Steinhude
Tel. 05033 939451
www.schmetterlingsfarm.de

In fürstlichem Ambiente

Am Rande des Weserberglands erwartet den Besucher ein kulturelles Glanzlicht: In der liebenswerten Kleinstadt Bückeburg thront nicht nur das Schloss der Familie zu Schaumburg-Lippe, auch Deutschlands einzige fürstliche Hofreitschule hat hier ihre Pforten geöffnet. Auf kurzen Wegen haben sich zahlreiche Sehenswürdigkeiten dicht aneinandergereiht.

Jahrhundertelang war Bückeburg die Residenz der Grafen zu Schaumburg und später der Grafen und Fürsten zu Schaumburg-Lippe. Wer Geschichte(n) liebt, kann bei einer Schlossführung in die Welt des Adels eintauchen. Beim Anblick des Goldenen Saals mit der berühmten Götterpforte oder dem Großen Festsaal bekommt man ein Gespür dafür, wie fürstlich hier einst residiert wurde. Sehenswert ist zudem die Schlosskapelle mit ihren aufwendigen, vergoldeten Schnitzereien und das am Rande des Schlossparks gelegene Mausoleum. Darin wölbt sich märchenhaft die größte Goldmosaikkuppel Europas – mit einem Engelfries, der in unzähligen Farbtönen schimmert. »Lustwandeln« lässt sich im Schlosspark. Schloss Bückeburg ist Veranstaltungsort für die alljährlich im Frühsommer stattfindende »Landpartie«, den traditionellen »Weihnachtszauber« am ersten Advent oder das »Mittelalterliche Spectaculum«. In der »Alten Schlossküche« genießt man Kaffee und Schokolade in historischer Umgebung. Und im Museumsladen können Gourmets Fürst-Schaumburg-Spezialitäten erstehen: Wilddelikatessen, Sekt, Wein, Kaffee, Schokolade und natürlich Souvenirs.

In der »Alten Schlossküche« schlemmt man in historischer Umgebung.

Für Pferdenarren ein Muss ist der ehemalige Marstall, in dem die Fürstliche Hofreitschule ihr Zuhause hat. Der Marstall wurde 1609 von Fürst Ernst zu Schaumburg-Lippe erbaut und war berühmt für die Pferde der Bückeburger Rasse. Heute stehen hier 18 »Prinzen« in den Boxen und auf den angrenzenden Weiden, wenn nicht gerade eine Reitkunstvorführung vor Publikum auf dem Stundenplan steht. Romantisch geht es auf einer Kutschenfahrt zu, die am Schloss vorbei durch die Altstadt führt: Fürstliche Gefühle inklusive!

INFO

Fürstliche Schlossverwaltung
Schlossplatz 1
31675 Bückeburg
Tel. 05722 909182
Fax 05722 909184
schlossbueckeburg@t-online.de
www.schloss-bueckeburg.de

STADTHAGEN

Stadt mit Tradition

Schon vor den Stadtmauern offenbart sich Stadthagen als Geheimtipp für Ausflügler, die Ruhe und Entspannung inmitten der Natur suchen. Im Süden säumen sanfte Hügel die städtische Grenze – ein Relikt aus der vergangenen Zeit, in der in Stadthagen Steinkohle abgebaut wurde. Und auch die Bückeberge, ein mit imposanten Buchen, Eichen und Fichten dicht bestandener Mischwald, sind für viele Menschen ein attraktives Ausflugsziel. Wenige Kilometer nördlich zieht der Mittellandkanal seine silbrig glänzende Schnur durch die Flure und Wälder.

Stadthagen selbst ist eine der prächtigsten Städte der Weserrenaissance. An vielen altehrwürdigen Gemäuern findet man noch die typischen Giebel in Bogenform mit den Kugelelementen, die für das 16. und 17. Jahrhundert charakteristisch waren. Einen Bummel beginnt man am besten am rechteckig angelegten Marktplatz der ehemaligen Residenzstadt. Schmucke Fachwerkhäuser schmiegen sich hier aneinander und lenken die Blicke des Besuchers auf die gotische Kirche St. Martini. Besonders sehenswert ist hier der Altar, der 1460 in einer flandrischen Werkstatt hergestellt wurde. Ein Highlight der Stadthagener Altstadt ist die Amtspforte, die in verschwenderischer Pracht ihre herrliche Holzarchitektur an den Füllungen und Ständern vorzeigt. 23 fächerförmige Strahlrosetten zieren die Giebelseiten des heutigen Museums, das anschaulich über die Geschichte der Stadt informiert. Das alte Rathaus am Markt schmücken reizvolle Erker mit reichen Bekronungen und Wächterbüsten.

Schmucke Fachwerkhäuser schmiegen sich aneinander.

Natürlich darf in einer ehemaligen Residenz ein Schloss nicht fehlen. Im Schlosspark steht noch ein alter sogenannter Halbturm aus der Festungszeit. Ein anschließender Spaziergang durch den Stadtgarten, eine Anlage aus dem 17. Jahrhundert, verspricht Entspannung. Mit üppigem Grün, den Springbrunnen und alten Kastanienbäumen ist er eine Oase in der Stadt. Das im Teich auf Pfählen errichtete Lustschlösschen ist heute ein Café, in dem es sich entspannt genießen lässt.

INFO

Stadtmarketing Stadthagen e.V.
Am Markt 1, 31655 Stadthagen
Tel. 05721 925065
Fax 05721 925055
info@stadtmarketing-stadthagen.de
www.stadtmarketing-stadthagen.de

Traditionelles Handwerk

Das kleine, idyllische Fredelsloh hat sich zu einem einzigartigen Refugium für Kunsthandwerker unterschiedlichster Professionen entwickelt: Keramiker, Blaudrucker, Korbflechter, Kerzenmacher, Holzmanufaktur, Puppenwerkstatt und vieles mehr finden hier inspirierenden und kreativen Freiraum für die Umsetzung gestalterischer Vorstellungen. Wer sich für traditionelles Handwerk interessiert, stößt hier inmitten hübscher Fachwerkhäuser und ruhiger Landschaft auf ein wahres Eldorado.

Schon viele Jahrhunderte lang wird im Tal der Bölle zwischen dem Höhenzug Ahlsburg und dem Heinberg bei Fredelsloh Ton abgebaut und verarbeitet. Nach alter Tradition mit Holzofen arbeitet man noch heute bei Klett, der ältesten Töpferei des Dorfes. Geschirr, Vasen, Krüge, Schalen, Kunstobjekte, Kinderspielzeug, Bartmänner und Henkelflaschen – kunstvoll gedreht auf der Töpferscheibe – hier findet man alles, was ein Kunsthandwerkerherz höherschlagen lässt. Auch ein gemütliches Café, in dem man sich umgeben von Töpferwaren erst einmal stärken kann. Freunde der Bunzlauer Keramik mit den charakteristischen, »geschwämmelten« Pfauenaugen kommen in Fredelsloh ebenfalls auf ihre Kosten. In der Töpferei Greulich lassen sich die Handwerker bei der Arbeit sogar noch über die Schulter schauen.

Wenn die Augen der Erwachsenen in den kleinen, liebevoll eingerichteten Läden der Fredelsloher Töpfereien ins Strahlen geraten, so werden Kinderaugen spätestens in der Puppenwerkstatt von Gabriele Höltje über die Maßen leuchten. Klar, ohne Puppe geht hier keiner raus. Und es geht weiter durchs Künstlerdorf. Wunderschöne Andenken und Mitbringsel lassen sich nicht nur in der Blaudruckerei erstehen – von der Tischdecke über Bekleidung –, auch Korbmacher Fritz Hildebrand, Holzgestalter Manfred Kraus-Schelle und Kerzenmacherin Inge Kelterer bieten ihre Produkte zum Kauf an. Die zahlreichen Wanderwege rund um Fredelsloh laden im Anschluss dazu ein, das Erlebte in Ruhe Revue passieren zu lassen.

Hier gibt es alles, was das Kunsthandwerkerherz erfreut.

INFO

Kunsttöpferei Klett
Kampweg 2, 37186 Fredelsloh
Tel. 05555 416
www.toepferei-klett.de
www.bunzlauer-handtoepferei.de
www.fredelsloher-blaudruck.de
www.kerzen-atelier-kelterer.de
www.puppenwerkstatt-fredelsloh.de

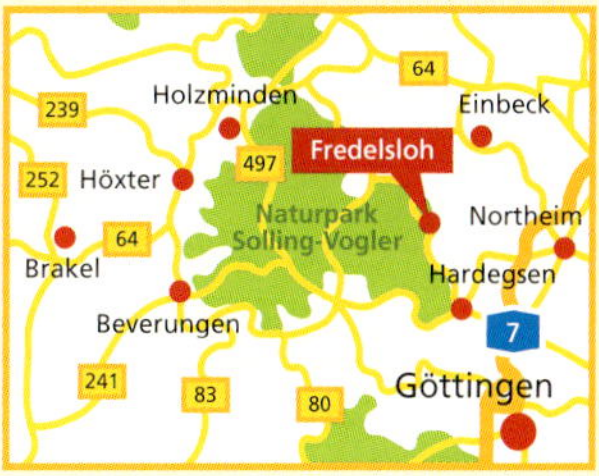

HOLLE

Wahrlich traumhaft …

Zwischen den Höhenzügen Vorholz im Norden, Lichtenberge im Osten und Hainberg im Südosten liegt die kleine Gemeinde Holle unweit von Hildesheim. Die Flusstäler der Innerste und Nette sowie große Waldgebiete bestimmen das landschaftliche Bild. Schlösser und Burgen erzählen Wundersames aus alten Zeiten.

Geradezu märchenhaft verläuft der kulturhistorische Rundwanderweg, der Laves-Kulturpfad, rund um Schloss Derneburg: Verwunschene Natur wechselt sich mit Bauten wie dem Pyramidenmausoleum und einem griechischen Tempel ab. Das Ausflugscafé im ehemaligen Gewächshaus der Schlossgärtnerei erweist sich als idealer Platz zum Entspannen. Derneburg ist ein beliebtes Ausflugziel, vor allem, seit es im sanierten Glashaus Ausstellungen, Konzerte, Theaterveranstaltungen, Lesungen und Festivals gibt.

Wer sich märchenhaft kulinarisch verwöhnen lassen möchte, besucht die Gutsschänke des Fürsten zu Münster in der ehemaligen Postkutschenstation von Astenbeck. Eine enge, steile Treppe führt zu den großen, freundlichen Zimmern des Fachwerkhauses im ersten Stock hinauf.

Besitzerin Dagmar Gerhardt strahlt eine höchst angenehme Mischung aus Temperament, Lebensfreude und Begeisterungsfähigkeit aus. Die Spitzenköchin legt Wert auf eine traditionelle Küche. Alles wird frisch zubereitet. Das schmeckt man. In der Schenke wird an rustikalen Tischen deftige Hausmannskost serviert, und im Restaurant gibt es Feinschmeckermenüs. »Wir wollen für jeden Geschmack und Geldbeutel etwas bieten«, so die Chefin, die bei keinem Geringeren als Jean Rothschild in die Lehre ging. Mit ihrem Mann, Dieter Gerhardt, dessen Herz vor allem für die Tiere schlägt, die zum Lokal gehören, erfüllte sie sich den Traum vom eigenen Restaurant. Gänse, Heidschnucken, Hühner, Pferde und Katzen gehören ins Umfeld. Und natürlich guter Wein, der einmal im Monat verkostet wird. Eine Anmeldung zur Weinprobe in diesem einmaligen Ambiente lohnt sich …

In der Gutsschänke wird deftige Hausmannskost serviert.

INFO

Gutsschenke des Fürsten zu Münster
Dieter und Dagmar Gerhardt
31188 Holle-Astenbeck
Tel. 05062 1866
Fax 05062 2418
www.gutsschenke.de

NORTHEIM

Sagen, Mythen, Märchen

Unweit des Ortes Northeim befindet sich mitten im Wald ein wunderschön gelegenes Open-Air-Gelände. Erbaut wurde die Waldbühne Northeim im Jahre 1934. Nach zahlreichen Sanierungsarbeiten gehört sie heute, von uralten Buchen umgeben, zu den imposantesten Open-Air-Bühnen der Republik. 8 000 Besucher finden hier Platz und können von überall eine wunderbare Sicht auf die Bühne und eine ausgezeichnete Akustik genießen.

Während die Waldbühne sich bereits einen über die Region hinausgehenden Bekanntheitsgrad verdient hat, ist das Theater der Nacht fast noch ein Geheimtipp. In den Mauern der ehemaligen Feuerwache hat das verwunschene Figurentheater 2001 ein würdiges Ambiente gefunden. Schon die skurrile Fassade des denkmalgeschützten Hauses strotzt nur so vor »Nasen« – so heißen hier die Ein- und Ausgänge der

Hausgeister. Und das Dach mit seinen vielen Schuppen ist eindeutig der Rücken eines Drachens, das sieht jedes Kind. Die Gründer Ruth Schmitz und Heiko Brockhausen lieben verwunschene Geschichten und traumhafte, skurrile Gestalten.

Unter dem Sternenhimmel des Theatersaales entstehen Kinderwelten, die auch die Großen in den Bann ziehen. In der Werkstatt allerdings verstecken die Kobolde alles, was herumliegt, beklagen die Mitarbeiter. Sobald ein Mitglied des Theaters auftaucht, verschwinden die Plagegeister in den Schränken. Erwischt hat man noch keinen, deshalb muss man wohl oder übel mit dem Koboldchaos in der Werkstatt leben. Märchen und Geschichten wie Däumelinchen, der kleine Häwelmann, der Teufel mit den drei goldenen Haaren, die Katzenkönigin oder Froschprinzessin entstehen hier und begeistern die Kids. Geister der Vergangenheit und der Gegenwart tollen auf der Bühne herum und bauen eine Fantasiewelt, die für die Allerkleinsten zur Realität wird. Professionelle Musiker, Bühnenbildner, Regisseure, Masken- und Puppenspieler arbeiten daran, neue Inszenierungen auf die Bretter zu bringen, die die Welt bedeuten.

Das denkmalgeschützte Haus strotzt nur so vor »Nasen«.

INFO

Theater der Nacht
Obere Straße 1
37154 Northeim
Tel. 05551 9080777
Fax 05551 919059
info@theater-der-nacht.de
www.theater-der-Nacht.de

Vom Korn zum Brot

Sein Leben lang war der Maler, Zeichner und Dichter Wilhelm Busch dem Dorf Ebergötzen zutiefst verbunden. »Kein Ort ist mir vertrauter«, soll er einmal gesagt haben. Die prägenden Jahre seiner Kindheit lieferten Vorlagen für die schwarzhumorigen Geschichten, auch für die von Max und Moritz, die nach vielen Streichen schließlich in einer Mühle gemahlen und von Enten gefressen werden.

»Ach, das war ein schlimmes Ding, wie es Max und Moritz ging! Drum ist hier, was sie getrieben, abgemalt und aufgeschrieben. Rickeracke! Rickeracke! Geht die Mühle mit Geknacke. Hier kann man sie noch erblicken. Fein geschrotet und in Stücken. Doch sogleich verzehret sie, Meister Müllers Federvieh.« Die »Wilhelm-Busch-Mühle« ist heute das meist besuchte Haus im Dorf. Bei Gästeführungen durch die legendäre, »rumpumpelnde« Mühle rauscht das Wasser in das

Mühlrad und treibt die Mahlsteine über ein eisernes Vorgelege an. In anschaulicher Weise wird demonstriert, wie Mehl und Futtermittel anno dazumal hergestellt wurden. Und natürlich dürfen bei dem spannenden Gang durchs Museum Geschichten von Wilhelm Busch nicht fehlen.

Wie es weitergeht mit dem Mehl, das erfahren Erwachsene und Kinder im Europäischen Brotmuseum. In der Ausstellung »Vom Korn zum Brot« wird aus der über 8000-jährigen Geschichte und Entwicklung der Landwirtschaft, der Getreideverarbeitung und des Brotes berichtet. Im jungsteinzeitlichen Lehmkuppelofen wird leckeres Brot gebacken, und auch aus dem Steinofen, der mit Holz befeuert wird, strömt täglich der verführerische Duft von frischem Holzofenbrot. Dass Mehl nicht einfach aus der Tüte kommt, mag so manches Stadtkind bei einem Rundgang durch den Getreidegarten in Erstaunen versetzen. Man lernt, wie Roggen aussieht und wie sich Dinkel und Hafer unterscheiden. Auch alte, heute weitgehend vergessene Getreidesorten wie Einkorn und Emmer kann man hier entdecken. Und danach im Café des Museums frisch gebackenen Kuchen genießen …

Im jungsteinzeitlichen Lehmkuppelofen backt das Brot.

INFO

Wilhelm-Busch-Mühle
Mühlengasse 8, 37136 Ebergötzen
Tel. 05507 7181
www.wilhelm-busch-muehle.de

Europäisches Brotmuseum e.V.
Göttinger Str. 7, 37136 Ebergötzen
Tel. 05507 999498
www.brotmuseum.de

Tiere des Waldes

Seit 1962 hat das Niedersächsische Forstamt Neuhaus auf rund 50 Hektar Fläche Typisches aus dem Solling in einem Naturpark versammelt: Bunte Mischwälder, alten Baumbestand, weite Bergwiesen, Trockenmauern aus Sandstein und natürlich viele heimische Wildarten. Der Wildpark Neuhaus liegt mitten in den ausgedehnten Wäldern und bietet sich Eltern und Kindern nicht nur sonntags für einen gleichermaßen erholsamen wie lehrreichen Spaziergang an.

Ein Besuch im Wildpark hat zu jeder Jahreszeit seinen Reiz: Umgeben von viel Natur tummeln sich hier 150 Tiere mitten im Grünen. Mit etwas Glück lassen sich die Tiere ganz aus der Nähe beobachten. Das Gehege der Damhirsche und Mufflons darf sogar betreten werden. Aber auch kleinere Tiere wie Hasen oder Raben haben sich im Park angesiedelt. Fuchs, Waschbär und der Marderhund entdeckt der wachsame Besucher ebenfalls. Ein naturnahes Gehege für Luchse, das man von einer Plattform aus gut überblicken kann, und ein Wolfsgehege sorgen für zusätzliche Spannung. Das zum Wildpark gehörige Waldmuseum bietet Einblicke in die Ökologie dieses Lebensraums und veranschaulicht die natürlichen Abläufe. Interaktive Spieltafeln und ein großer Waldspielplatz machen den Aufenthalt für Kinder zum Erlebnis. Austoben inklusive!

Wenn einem allerdings wildlebende Ponys und urtümliche Rinder über den Weg laufen, ist man im Hutewald im Solling gelandet. Hutewälder sind ein Überbleibsel aus der Zeit, als die Menschen ihre Tiere noch im Wald weiden ließen. Schweine, Schafe, Rinder und Pferde fanden hier reichlich Nahrung und schufen ganz nebenher einen lichtdurchfluteten Forst mit beeindruckenden, knorrigen Eichen. Solche Gebiete verschwanden mit der Waldweidewirtschaft gänzlich. Beim Hutewaldprojekt am Reiherbach bei Schloss Nienover sind Vierbeiner die unumstrittenen Stars und Landschaftspfleger: 22 Heckrinder und 17 Exmoorponys knabbern sich fleißig durch das Unterholz und machen so – ganz nebenbei – wieder einen Hutewald daraus.

Ein Wolfsgehege sorgt für zusätzliche Spannung.

INFO

Wildpark Neuhaus
Hirtenweg 12
37603 Holzminden-Neuhaus
Tel. 05536 222
www.wildpark-neuhaus.de

Führungen durch den Hutewald
Info Naturpark Solling-Vogler
Tel. 05536 1313

Lebensraum für Meister Petz

Zwischen Weserbergland und südlichem Harzvorland liegt die kleine Stadt Worbis – idyllisch an den bewaldeten Hängen des nördlich vorgelagerten Ohmgebirges. Dort findet man den ersten alternativen Bärenpark Deutschlands. Er erlaubt eine einzigartige Begegnung mit dem hierzulande ausgerotteten Raubtier Bär. Ganz nah, aber aus der Sicherheit eines Drahttunnels, können Besucher des Parks dabei sein, wenn Goliath ein erfrischendes Bad nimmt, Laura im Unterholz nach frischem Grün sucht oder die Wolfsmeute eine Möhre vor Maikas Nase wegschnappt.

Die zwölf Bären hören es gern, wenn man sie beim Namen nennt: Die selbstbewusste Mischka, die kleine, schwerfällige Kathi mit Spitzbart, der ehemalige Zirkusartist Samson, die zottelige Emma … Ein Lehrpfad informiert über die Großbärenarten, deren Lebensraum und ihre Probleme mit den

Menschen. Wer möchte, kann zudem an einem Bären-Quiz teilnehmen. Dabei lernt man etwa, dass zu viele Bären in Deutschland in zu kleinen Käfigen und engen Zirkuswagen vegetieren. Auch heute noch. Ihr Leben ist vom stereotypen Auf- und Abgehen langweilig, ihnen fehlt jegliche Bewegung. Bei Zirkusbären kommen artfremde Bewegungen wie das Balancieren auf einer Kugel hinzu.

Der Bärenpark in Worbis setzt mit seiner Bärenhaltung ein Zeichen. 1996 von Tierschützern ins Leben gerufen, werden hier Bären aus den schlechtesten Lebensbedingungen gerettet. Hier im Park können sie sich über ein artgerechtes Leben innerhalb des riesigen Geländes freuen. Sogar Höhlen graben und Winterruhe halten ist wieder möglich. Auch die Wölfe helfen den Bären, wieder sie selbst zu sein – indem sie Petzi zwingen, wachsam zu sein. Streicheln darf man die Schwergewichtler nicht, aber dafür die Ziegen und Schafe, die natürlich in Worbis nicht fehlen. Im Bärenpark leben die alten Thüringer Haustierrassen auf einem idyllischen Bauernhof. Im Heimtierbereich wird für wissbegierige Besucher viel über vernünftige Haltung von Wellensittich, Schildkröte und Meerschweinchen gezeigt.

> **Sogar Höhlen graben und Winterruhe halten ist wieder möglich.**

INFO

Alternativer Bärenpark Worbis
Duderstädter Str. 36 a
37339 Leinefelde-Worbis
Tel. 036074 92966
Fax 036074 30665
worbis@baer.de
www.baer.de

Harzer Rotes Höhenvieh

Umschlungen von Sösestausee, Südharzer Karstgebirge und Lerbachtal »schlummert« direkt am Einstieg zum Harzer-Hexen-Stieg die historische Altstadt von Osterode. Inmitten der mittelalterlichen Stadtmauern lässt sich auf einer Tour rund um den Kornmarkt nicht nur den »Schwatzenden Frauen« – sie symbolisieren die Geselligkeit der Osteroder – ein Besuch abstatten, sondern auch schmucken, alten Fachwerkhäusern, imposanten Kirchen und der Ruine der alten Welfenburg.

Mit seinem hochgezogenen Giebel und dem Sonnenrosen-Schmuck fällt die Ratswaage besonders ins Auge. In diesem 1550 erbauten Haus wurden nicht nur Waren gewogen und gemessen, es diente auch als Hochzeitshaus und Posthalterei. Heute kann man hier im Biergarten des Restaurants »Zur Ratswaage« in herrlichem Fachwerkambiente regionale

Köstlichkeiten genießen. Nur wenige Schritte entfernt befindet sich die Aegidienstraße, wo der Koch des Restaurants »ES« Spezialitäten vom Harzer Roten Höhenvieh zubereitet. Das qualitativ hochwertige Fleisch stammt vom Hof Daniel Wehmeyers. Etwa 125 Tiere groß ist die Herde des Viehzüchters im Ortsteil Düna. Der junge, sympathische Landwirt wirtschaftet mit Begeisterung und ökologisch. Wichtiger als Fleisch und Milch ist für ihn die Landschaftspflege. Die alte Rinderrasse, die Mitte der 1980er Jahre fast ausgestorben war, frisst, was der karge Boden hergibt: harte Gräser, Disteln und Gestrüpp. In der Gipskarstlandschaft des Naturschutzgebiets Hainholz fühlt sich das Höhenvieh wohl, genauso wie die Besucher, die gerne zu den regelmäßig stattfindenden Hoffesten kommen. Auf dem Hof Wehmeyers lebt das Rote Höhenvieh in sogenannten Mutterkuhherden. Zehn Monate bleiben die Kälber bei der Mutterkuh, bevor sie von ihr getrennt werden. Fleisch und Wurst dieser Tiere ist bei Feinschmeckern sehr beliebt – kein Wunder, hat es doch eine ausgezeichnete Qualität und einen hervorragenden Geschmack. Die kurze Fleischfaserung und der hohe Muskelfleischanteil machen es besonders zart.

Im Naturschutzgebiet Hainholz fühlen sich Kuh und Kälbchen wohl.

INFO

Tourist-Information Osterode
Dörgestr. 40, 37520 Osterode
Tel. 05522 318360
www.osterode.de

Daniel Wehmeyer
Düna 16, 37520 Osterode
Tel. 05522 74854
www.roteshoehenvieh.com

ST. ANDREASBERG

Glückauf!

Etwas abseits der Hauptverkehrsstraßen liegt der heilklimatische Kur- und Wintersportort St. Andreasberg, aber gerade deshalb ist ein Abstecher dorthin besonders reizvoll. Mit 600 bis 900 Meter ist es die höchstgelegene der sieben Harzer Bergstädte. Schon im Hochmittelalter haben Menschen hier Erz und Silber abgebaut, zeitweise gab es bis zu 113 Gruben. Jahrhundertelang prägte der Bergbau die Entwicklung der Bergstadt und das Leben der hiesigen Menschen, die fast ausschließlich in den Bergwerken und Schmelzhütten arbeiteten.

Das Schaubergwerk Grube Samson ist bis in eine Tiefe von 190 Metern befahrbar. Wohl nur dem Zufall ist es zu verdanken, dass die gesamte, aus dem späten 18. und frühen 19. Jahrhundert stammende Anlage mit ihren beiden Wasserrädern und der Drahtseil-Fahrkunst auch nach der Stilllegung 1910 fast vollständig und im Originalzustand erhalten blieb. Nirgendwo sonst im Harz kann heute noch die Atmosphäre einer solch alten Schachtanlage an ihrem ursprünglichen Standort erspürt werden. Der »Duft« im Gaipel (dem Gebäude über der Schachtmündung), die alten Holzgebäude und Wasserräder, die hölzerne Erztonne und das originale Werkzeug der Bergmänner vermitteln einen sehr lebendigen Eindruck der Arbeitsbedingungen im Industriezeitalter – schwere körperliche Arbeit für kargen Lohn. Für die Teilnahme an der einstündigen Führung ist keine besondere Ausrüstung erforderlich, allerdings sollte Frau auf High-Heels verzichten, denn zur Besichtigung geht es über viele Treppen.

Schon im Mittelalter haben Menschen hier Erz und Silber abgebaut.

Im Gaipel der Grube Samson kann seit geraumer Zeit das erste »Harzer-Roller«-Kanarien-Museum der Welt besichtigt werden. Hier werden nicht nur die kostbaren Relikte aus der früher weltberühmten Andreasberger Kanarienvogelzucht aufbewahrt, es sind auch hier gezüchtete Kanarienvögel zu bewundern. In der Blütezeit wurden jährlich Zehntausende der gefiederten Sänger von St. Andreasberg bis ins ferne Amerika exportiert.

INFO

Bergwerksmuseum Grube Samson
und Kanarienvogel-Museum
Am Samson 2
37444 Sankt Andreasberg
Tel. 05582 1249
Fax 05582 923051
grube_samson@t-online.de
www.harzer-roller.de

Im Reich der Rosen

Als »Königin unter den Blumen« genießt die Rose weltweit einen besonderen Symbolwert. Sie verkörpert Sinnlichkeit, Schönheit, Liebe und Harmonie. Seit jeher zogen Blütenpracht und Duft Blumenliebhaber in den Bann: Schon Eva soll sich eine Rose aus dem Garten Eden gepflückt haben, bevor sie zusammen mit Adam das Paradies für immer verlassen musste. Zur Erinnerung an bessere Zeiten …

Wer selbst einmal in ein Meer aus Rosenblüten eintauchen möchte, findet es in Sangerhausen am südöstlichen Harzrand. Das 1903 gegründete Europäische Rosarium beherbergt über 8 300 verschiedene Rosensorten und zeigt damit die größte und bedeutendste Sammlung weltweit. Klassische und moderne Exemplare von Strauchrosen, Beetrosen, Kletterrosen, Miniaturrosen, Wildrosen … hier kann sich der Besucher bis in den Spätherbst hinein an farbenprächtigen Blütenwundern satt sehen. Menschen aus aller Welt kommen, staunen, schnuppern an Blüten und studieren die Namen: Queen Elizabeth, Gloria Dei, Gallica Versicolor steht da zum Beispiel auf kleinen Schildern der historischen Sorten. Heidi Klum, Johannes Rau, Dagmar Berghoff oder Uwe Seeler heißen die modernen Züchtungen. Hans Lange, pensionierter Lehrer und Rosenliebhaber, kennt sie alle und zeigt sie gerne. Ganz besondere Highlights sind die schwarze Rose, die Nigrette, die grüne Rose, die Viridiflore, und die Stacheldraht-Rose. Sie heißt so, weil sie mit sehr harten, leuchtendroten und dicht an dicht wachsenden Stacheln bewachsen ist. Denn Rosen haben Stacheln, und keine Dornen … das und vieles mehr erfährt der Rosenfreund in der Rosenschule. Für Hobbygärtner dieser königlichen Blumen fast ein Muss, wenn sie etwas mehr über Pflanzung, Pflege und Schnitt erfahren wollen.

Farbenprächtige Blütenwunder bis in den Spätherbst.

Dass man Rosen übrigens auch essen kann, beweist die Einkehr in das Restaurant »Zum Löwen«. Dort serviert die Chefin Sangerhäuser Rosensüppchen, Barbarossas Schlemmerteller und als Dessert eine Variation von Parfaits an Rosenschaum mit kandierten Rosenknospen …

INFO

Europa-Rosarium
Steinberger Weg 3
06526 Sangerhausen
Tel. 03464 572522
www.europa-rosarium.de

CLAUSTHAL-ZELLERFELD

Wo Zeit keine Rolle spielt

Der unverfälschte Charme des Stadtbildes schafft den lebendigen Charakter der Bergstadt Clausthal-Zellerfeld und zeugt von der reichen Geschichte der beiden historischen Schwesterstädte Clausthal und Zellerfeld. Der Ortsteil Buntenbock ist als kleiner Luftkurort ein touristischer Geheimtipp im Oberharz. Wie ein Dorf liegt er abseits und ohne Durchgangsverkehr inmitten von Wäldern, Bergwiesen und Teichen.

Mit seiner Lage auf einer Hochebene verfügt der kleine Ort über ein tolles Angebot an Wandermöglichkeiten. Spaziergänge zu jeder Jahreszeit um die zahlreichen Teiche des »Kulturdenkmals Oberharzer Wasserregal«, auf dem Buntenbocker Bergwiesenweg und dem Harzer-Hexen-Stieg bieten unvergessliche Eindrücke des norddeutschen Gebirges. Die ganze Schönheit des Harzes liegt dem Wanderer auf seinem

Weg zu Füßen. Lichte Mischwälder und dichte Nadelwälder, bunt leuchtende Bergwiesen und steil aufragende Klippen, leise plätschernde Bäche und majestätische Talsperren.

Inmitten dieser ruhigen Harzer Landschaft fügt sich das Landhaus Kemper in dem Wunsch nach Ruhe und Entspannung nahtlos ein. Das Haus entpuppt sich im Innern als wahres Juwel. Die Hotelzimmer sind individuell gestaltet, mit farbenfrohen Dielenböden und handgefertigten Möbeln. Im Freien stößt der Besucher auf ein mediterranes Ambiente: dicht bewachsene Amphoren in verwunschenen Ecken und duftbetörende Lavendel- und Kräutergärten. Hier lässt es sich leben. Die Besitzerin Dorothee Kemper hat einen Ort geschaffen, an dem, wie sie sagt, »Zeit eine untergeordnete Rolle spielt«. Das spiegelt sich auch in der Küche des Landhauses wider. »Slowfood« steht auf einem Schild am Eingang – Slowfood ist eine weltweite Vereinigung von bewussten Genießern und mündigen Konsumenten, die es sich zur Aufgabe gemacht haben, die Kultur des Essens und Trinkens zu pflegen und lebendig zu halten. Ein Ort zum Träumen und Genießen und – wieder daheim – eine Erinnerung, die neue Kraft für den Alltag garantiert.

Das Haus entpuppt sich im Innern als wahres Juwel.

INFO

Landhaus Kemper
An der Trift 19
38678 Clausthal-Zellerfeld
(Buntenbock)
Tel. 05323 1774
Fax 05323 4529
harz@slowfood.de
www.landhaus-kemper.de

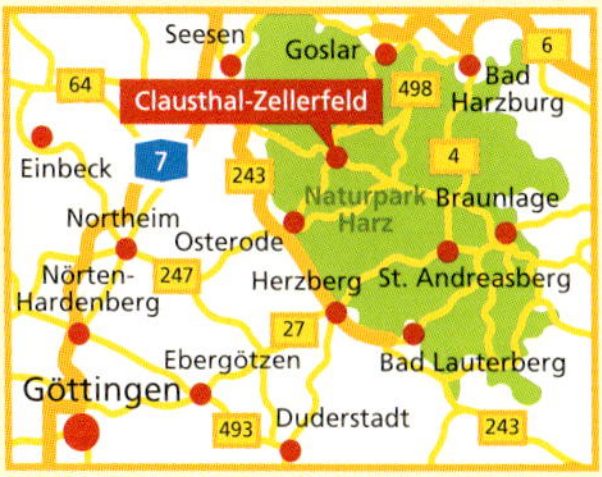

Mit der Seilbahn hinauf

Mit Bad Harzburg ist der nördliche Harzrand erreicht. Zum Bummeln gibt es im weit über die Grenzen hinaus bekannten Heilbad eine attraktive, von Kastanien gesäumte Fußgängerzone, die direkt in den landschaftlich reizvollen Kurpark übergeht. Dort befindet sich auch die sich steil an den Berg schmiegende Seilbahn, die Besucher in drei Minuten auf den »Großen Burgberg« bringt – Ausgangspunkt für viele Wanderungen, unterbrochen von urigen Waldgaststätten, die zwischendurch zum Verweilen einladen.

Ein besonderer Besuchermagnet ist die Waldgaststätte Rabenklippe. Der Badearzt Carl Franke war es, der seinen ehemaligen Hauswirt, Zimmermann Wilhelm Schilling, überredete, einen kleinen Ausschank bei der Rabenklippe zu betreiben. Was 1874 noch ein offener Verkaufsstand war, der nur sonntags geöffnet hatte, ist heute ein bei Wanderern und Einheimischen beliebter Treffpunkt. Die kulinarischen Spezialitäten wie hausgemachte Wildschweinsülze, Hasenkeule und Hirschgulasch sind begehrt. Der Name des Gasthauses geht der Legende nach auf Raben zurück, die dort einen Mönch vor dem Hungertod gerettet haben sollen. Der fromme Mann wollte in Wernigerode die Heiden zum Christentum bekehren, wurde dort jedoch verspottet und zog westwärts in den Wald, ohne einen Menschen zu treffen. An den heutigen Rabenklippen waren es dann die Raben, die eine tote Taube vor die Füße des Mönchs fallen ließen.

In den Nationalpark Harz ist der Luchs wieder eingezogen.

In den Nationalpark Harz ist nach 200 Jahren der Luchs zurückgekehrt. Nationalpark-Mitarbeiter wilderten die faszinierenden großen Katzen, die alle aus Zoos stammen, aus. Einige Luchse sind im Schaugehege der Rabenklippe untergebracht. Doch zu sehen bekommt man die scheuen Luchse eher selten, allenfalls frühmorgens oder abends zeigen sie sich. Das Wiederansiedlungsprojekt für den Luchs im Harz ist auf einem guten Weg. Immerhin konnte mittlerweile bereits im vierten Jahr in Folge wild geborener Luchsnachwuchs im Harz gemeldet werden.

INFO

Waldgaststätte Rabenklippe
38667 Bad Harzburg
Tel. 05322 2855
www.rabenklippe.de

Nationalpark Harz, Haus der Natur
Nordhäuser Str. 2 b
38667 Bad Harzburg
Tel. 05322 784337
www.nationalpark-harz.de

HERZBERG

Heimat der Welfen

Weithin sichtbar thront der Stammsitz der Welfen im südlichen Vorharz über dem Ort Herzberg. Auf der 275 Meter hohen Bergkuppe stellt das Schloss sein beeindruckendes Fachwerkensemble zur Schau. Die steilen Berghänge bestehen aus dem Dolomit des Zechsteingürtels und stellten im Mittelalter einen fast unüberwindbaren, natürlichen Schutzwall dar.

Heute lockt die imposante, 1154 erbaute Anlage mit interessanten Ausstellungen, unter anderem über die eigene Geschichte als Residenz, die Herzberger Gewehrmanufaktur oder den Orgelbau. Ein Faksimile des Evangeliars Heinrichs des Löwen bildet einen von vielen Höhepunkten. Im Innenhof des Welfenschlosses wiederholt sich Jahr für Jahr das bunte Treiben eines mittelalterlichen Spektakels: Künstler, Gaukler in historischen Kostümen, Klänge alter Musikinstrumente, Ochsenbraten mit frisch gebackenem Brot und dazu Met ... Danach kann man sich bei einem Bad im Juessee entspannen, der einer Legende nach auf seinem Grund das Schloss einer hartherzigen Gräfin birgt.

Im Harz gibt es unzählige mystische Stätten, doch die Einhornhöhle ist mit Sicherheit eine der bekanntesten. Insgesamt 270 Meter lang ist die Höhlentour in Herzberg: für Große und Kleine ein spannendes Abenteuer. Die Einhornhöhle hat ihren Namen von den Knochengräbern erhalten, die auf der Suche nach Überresten von Einhörnern waren, um diese als Medizin zu verkaufen. Tatsächlich handelt es sich bei den Funden in Herzberg allerdings um Fossilien, die vor allem von Höhlenbären stammen. Steinwerkzeuge aus der Altsteinzeit belegen, dass vor über 100 000 Jahren Neandertaler hier zu Hause waren. Besonders beeindruckend sind zwei Deckeneinstürze in der Blauen Grotte. Dort flutet das Sonnenlicht einen Teil der Höhle. Ein ganz besonderes Erlebnis ist ein Kindergeburtstag in der Einhornhöhle. Mit einer Taschenlampe bewaffnet und unter fachkundiger Anleitung erforschen die Kinder die Gänge und Hallen der Höhle, bevor die Geburtstagstorte verzehrt wird.

Insgesamt 270 Meter lang ist die Höhlentour in Herzberg.

INFO

Stadt Herzberg am Harz
Marktplatz 30
37412 Herzberg am Harz
Tel. 05521 582-0
www.herzberg.de

Einhornhöhle, Haus Einhorn
Tel. 05521 997559
www.einhornhoehle.de

WARBERG

Das Mittelalter erleben

Inmitten des Naturparks Elm-Lappwald – ihn prägen die bewaldeten Höhenzüge von Elm, Lappwald und Dorm sowie die Helmstedter Mulde – liegt die kleine Gemeinde Warberg. Der alte Ortsname »Wereberg« ist auf die um 1200 entstandene Wasserburg zurückzuführen, deren Bergfried heute das weithin sichtbare Wahrzeichen des Ortes ist.

Im 12. Jahrhundert waren die Edlen von Warberg mächtige Männer mit großem Besitz, deren Familie Bischöfe und Räte, Äbte, Richter und Ritter stellte. Schon in jener Zeit kennzeichneten ein breiter Wassergraben und eine hohe Burgmauer mit Torbrücke die mittelalterliche Wehranlage. Beides ist bis heute erhalten und einer der Gründe, weshalb Besucher aus nah und fern anreisen und sich in die Vergangenheit entführen lassen. Wer die Wasserburg, die heute die Bundeslehranstalt für Agrarhandel beherbergt, über die Zugbrücke betritt, befindet sich unversehens in einer anderen Welt. Wundern würde es nicht, wenn plötzlich ein Ritter in Rüstung auf der Bildfläche erscheinen würde. Über den kopfsteingepflasterten Burghof führt der Weg vorbei an hohen Bauten zur Oberburg. Das alte Herrenhaus, der Palas, und der mittelalterliche Turm wurden vor einigen Jahren originalgetreu saniert. An der Außenfassade lassen sich die Fenster des Treppenhauses sowie Schießscharten erkennen.

Die mächtige Burgmauer und der breite Wassergraben haben ihre Funktion, nur bestimmte Leute ins Innere zu lassen, längst eingebüßt. Burg Warberg hat sich als Plattform für zahlreiche kulturelle Veranstaltungen einen Namen gemacht. Außenbereich und Burghof stehen dem Besucher zur Besichtigung offen und laden zum Verweilen, Entspannen, Erkunden und Genießen ein. Die Ruhe der Umgebung lässt die Welt etwas langsamer drehen, sodass man sich in aller Ruhe mit der Geschichte auseinandersetzen kann. Doch wer weiß, vielleicht möchten Sie auch ritterliche Gastfreundschaft genießen?

Die Ruhe der Umgebung lässt die Welt langsamer drehen.

INFO

Schloss Warberg
An der Burg 3
38378 Warberg
Tel. 05355 961104
info@burg-warberg.de
www.burg-warberg.de

REITLINGSTAL

Eindrucksvolle Natur

Eingebettet in das wellige Hügelland östlich von Braunschweig erwartet uns der Naturpark Elm-Lappwald in seinem Dornröschenschlaf. Bereits in der Jungsteinzeit war die von bewaldeten Höhenzügen und fruchtbaren Mulden geprägte Landschaft von Menschen besiedelt. Zu den eindrucksvollsten Zeugen dieser Epoche zählen Megalith- und Hügelgräber sowie Funde aus der Altsteinzeit, wie sie mancherorts im Naturpark, der zum »Nationalen Geopark« gehört, zu entdecken sind.

Die mit Löss bedeckten Muldenlagen sind überaus fruchtbar, und so wiegen sich goldene Weizenfelder oder leuchtendgelbe Rapsfelder zwischen sattgrünen Wiesen und Wäldern. Der Elm gilt als der größte und schönste Buchenwald Norddeutschlands. Aber auch Moore, Quellflüsse, Seen, Heideflächen und Salzwiesen gehören zum Erscheinungsbild des

Parks. Entsprechend vielfältig ist seine Pflanzen- und Tierwelt. Insgesamt erschließen verwunschene Wanderwege mit einer Gesamtlänge von 500 Kilometern die Naturschönheiten. Sie sind Ausgangspunkt für so manch erholsame Begegnung mit heute noch intakter Natur, fernab vom Großstadtlärm.

Ob auf Schusters Rappen oder mit dem Rad, immer ist es Entspannung pur, die den Besucher erwartet. Das gilt auch für das Naturschutzgebiet Reitlingstal, das mit seinen reizvollen An- und Aussichten als Wandergebiet geschätzt ist. Erlebnispfade informieren über geologische, archäologische, botanische, landschaftliche und forstliche Themen. Die einzigartige Farbenpracht und urwüchsige Natur machen Lust auf mehr. Oft beginnt und endet eine Tour im Reitlingstal an der Gaststätte Breitling. Von dort kann man einen Abstecher zur »Teufelsküche« machen. Am Morgen sollen hier Nebel über dem Knoblauchduft des Bärlauchs wabern. Daher der Name Teufelsküche. Zudem verschwindet hier ein Bächlein, der Mönchespring, im Felsen, von dem gesagt wird, dass es nirgendwo wieder ans Tageslicht treten würde.

Das Reitlingstal ist als Wandergebiet beliebt.

INFO

Tourismusgemeinschaft Elm-Lappwald e.V.
Rosenwinkel 8
38350 Helmstedt
Tel. 05351 1211444
www.elm-lappwald.de

WOLFENBÜTTEL

Durch und durch welfisch

Wer einmal im Leben Prinz oder Prinzessin sein möchte, kann sich in historische Gewänder kleiden und Interessantes über das Leben und Benehmen bei Hofe erfahren. Zumindest im Wolfenbütteler Schloss, das übrigens die einzigen hochbarocken Staatsappartements des Landes beherbergt. Neben der Kirche St. Marien ist es das Wahrzeichen Wolfenbüttels.

Wenn der Besucher den Wassergraben über eine mit figürlichen Statuen geschmückte Brücke überschritten hat, gelangt er in den Innenhof des Schlosses. Die mächtige Vierflügelanlage diente den Herzögen aus dem Hause Braunschweig-Lüneburg über 320 Jahre als Residenz. Noch heute erinnern die Prunkfassade und die Repräsentationsräume an die Zeiten glänzender Hofhaltung – die Staatsgemächer machen die fürstliche Wohn- und Tafelkultur aus dem Zeitalter des

Absolutismus wieder lebendig. Doch Sie können auch selbst eintauchen in die Welt der Fürsten. Wer bei fürstlichem Speis und Trank im historischen Renaissancesaal einen Abend mit Giacomo Casanova verbringen und seinen venezianischen Geschichten und Gesängen lauschen möchte, kann das in stilvoller Umgebung tun.

Wenn man durch die kleinen, verwunschenen Gassen der Altstadt bummelt, stößt man unversehens auf weitere Zeitzeugen. Am Stadtmarkt beeindrucken das imposante Rathaus und die Stadtwaage mit ihren aufwendigen Fachwerk- und Backsteinfassaden den Besucher. Nicht weniger sehenswert ist die reich verzierte und mit prächtigen Erkern ausgestattete Hof-Apotheke am Markt und natürlich die Marienkirche, in der allein 29 Sarkophage bestaunt werden können. Das historisch gewachsene Ambiente der Fachwerkstadt übt einen ganz besonderen Reiz aus, dem sich kaum einer entziehen kann. Der idyllischste Winkel in Wolfenbüttel wird von den Bewohnern »Klein Venedig« genannt. Dieser Bereich der alten Residenzstadt ist der Rest eines alten Grachtensystems. Die Kanäle wurden im späten 16. Jahrhundert von niederländischen Baumeistern angelegt.

Der Stadtmarkt ist noch heute das Herz der ehemaligen Residenz.

INFO

Tourist-Information Wolfenbüttel
Stadtmarkt 7
38300 Wolfenbüttel
Tel. 05331 86280
touristinfo@wolfenbuettel.com
www.wolfenbuettel-tourismus.de

KÖNIGSLUTTER

Kleine Stadt mit Charme

Wer an der alten Handelsstraße von Braunschweig nach Magdeburg unterwegs ist, sollte sich die Zeit für einen längeren Abstecher nach Königslutter am Elm nehmen. Vor 800 Jahren hatte der Herzog von Braunschweig östlich des Ortes eine Wasserburg errichtet, in deren Schutz Königslutter sich zu einem blühenden Marktort entwickelte. Zum Wohlstand verhalf der Stadt vor allem die Brautätigkeit – allein 73 Brauhäuser waren im Mittelalter berechtigt, das wohlschmeckende Duckstein zu brauen und bis in die Niederlande zu exportieren. Das beliebte Bier wird mittlerweile in Braunschweig gebraut.

»Kleine Stadt mit Charme«, so lautet der Slogan Königslutters. Wenn man durch die gemütlichen Gassen der Altstadt schlendert, kann man das nur bestätigen. Häuser aus nahezu allen Epochen begegnen dem Besucher: vom mittelalterlichen Fachwerk über Barockfassaden und edlen Klassizismus bis hin zu solider Bürgerlichkeit mit einem Hauch von Jugendstil. Mittendrin thront groß und eindrucksvoll die romanische Stiftskirche St.-Peter-und-Paul, das Wahrzeichen der Stadt.

Vor dem Kaiserdom lädt die fast 900 Jahre alte Kaiser-Lothar-Linde, ein Naturdenkmal von überregionaler Bedeutung, dazu ein, die Atmosphäre auf sich wirken zu lassen. Lothar von Süpplingenburg, seit 1133 deutscher Kaiser, hatte den Dom als Klosterkirche erbauen lassen und ihr die Gestalt einer dreischiffigen, kreuzförmigen Pfeilerbasilika gegeben. Der Kaiserdom beeindruckt vor allem durch den reichen künstlerischen Schmuck des »Meisters von Königslutter«. Der Kreuzgang an der Südfront gilt als der schönste in Norddeutschland, der rätselhafte Jagdfries an der Außenwand der Hauptapsis ist einzigartig in der gesamten romanischen Kunst, und das Löwenportal an der Nordseite gehört mit zu den eigenwilligsten romanischen Portalen. Wer mehr über den Kaiserdom und seine Baugeschichte wissen möchte, erfährt in der Dombauhütte Interessantes über das traditionelle Handwerk und die Arbeit der mittelalterlichen Steinmetze.

Häuser aus nahezu allen Epochen begegnen dem Besucher.

INFO

Fremdenverkehrsamt Königslutter
Am Markt 1
38154 Königslutter am Elm
Tel. 05353 912129
Fax 05353 912155
fremdenverkehrsamt@koenigslutter.de
www.koenigslutter.de

Wohlfühlen auf dem Land

Versunken zwischen Feldern, Wiesen und Weiden, geschützt hinter blühenden Sträuchern und unter alten Bäumen liegt der Hof Rose am Ortsrand von Altenmedingen. »Hof Rose« oder der »Meierhof«, wie er früher einmal hieß, war immer schon ein landwirtschaftlicher Betrieb – und dies seit fast 1 000 Jahren. Bereits Heinrich der Löwe erwähnte ihn. Die jetzige Besitzerin, Sabine von Borries, fühlt sich dieser Tradition verpflichtet.

Buchen und Kastanien spenden ihren Schatten auf dem Hof. Man sieht sofort, dass hier ein einst herrschaftlicher Bauernhof zu einem Hotel umgebaut wurde. Jedes Zimmer hat seinen eigenen Charakter – man spürt den Hauch des alten Landadels. Der weitläufige Park mit seinen freilaufenden Hühnern – Kinder haben Spaß daran, die Eier aufzusammeln –, den Schweinen zum Anfassen und einer Herde Galloways übt nicht nur auf die Kleinen, sondern auch auf die Erwachsenen eine große Anziehungskraft aus.

Mittendrin steht das alte Backhaus. Vor einigen Jahren wurde es zum Ferienhaus umgebaut, doch seinen anheimelnden Charme hat es dabei nicht verloren. In der Krone einer fast 200-jährigen Eiche werden Kindheitsträume wahr – ein Baum- oder Trollhaus mit Terrasse und Blick bis zum Horizont wartet auf Besucher. Die Kids lassen sich auf Natur und Tiere ein und fallen abends todmüde ins Bett, während die Erwachsenen nach einem reichhaltigen Buffet noch ein Glas Wein trinken oder in Hallenbad, Sauna oder Dampfbad entspannen. Der Hof wurde mit dem europäischen Qualitätszeichen für regionale Esskultur ausgezeichnet, denn in der Küche experimentieren engagierte Köche mit Heidschnucke, Wild, Fisch, Spargel und den besonders schmackhaften Heidekartoffeln. Natürlich alles Produkte aus der Lüneburger Heide. Die zauberhafte Umgebung lädt zu ausgedehnten Wanderungen, Kanufahrten auf der wildromantischen Ilmenau, Fahrradtouren, Ausritten oder zum Golfen ein. »Da schwingt ein stiller Zauber durch die Luft«. So beschrieb die Autorin Monika Schiffer das Anwesen …

Mitten im Park steht das alte Backhaus.

INFO

Hof Rose
Meierhof Altenmedingen
Niendorfer Weg 12
29575 Altenmedingen/
Bad Bevensen
Tel. 05807 98960
Fax 05807 9896-125
info@hofrose.de
www.hofrose.de

Spielzeug für alle

Im Soltauer Spielzeugmuseum darf jeder wieder Kind sein! Die begeisterten Kids verwandeln sich in Zirkusartisten, Weltreisende und Piraten, basteln Rasseln, Masken und Filztiere, spielen lustige Spiele aus aller Welt oder hören gebannt spannenden Geschichten zu. Eltern sind in dieser Zeit schnell vergessen und können sich getrost ins Café oder in die Eisdiele setzen – oder auf eigene Faust in das Museum und die eigene Kindheit abtauchen.

Vieles darf angefasst oder ausprobiert werden. Einzigartige und historische Spielzeuge, Bilderbücher, Papiertheater, eine Steiff-Tier-Sammlung, eine Puppenschule, die aus lauter Zwillingen besteht, Kaufmannsläden, Spielzeuge aus aller Herren Länder, Nostalgisches in der Baukasten- oder Eisenbahnausstellung oder das alte Schreibpult, an das sich Kinder in Schuluniformen von anno dazumal setzen können.

Und teuer ist der Spaß auch nicht: Denn Eltern zahlen nur für einen Sprössling, auch wenn sie eine ganze Rasselbande im Schlepptau haben …

Kleine und große Künstler oder solche, die es werden wollen, finden in Steffis Atelier im Ortsteil Stübeckshorn in angenehmer Atmosphäre die Möglichkeit, Pinsel, Stift oder Kreide zu schwingen. Mehrstündige Malkurse in unterschiedlichen Techniken werden für Erwachsene und Kids angeboten – bei gutem Wetter direkt auf der grünen Wiese. Die Powerfrau Steffi Klymant hat ein Händchen dafür, Fertigkeiten zu vermitteln. Die Präsentationen der eigenen Kunstwerke in ihrem Haus und bei Ausstellungen sind beliebt und gefragt. Nach all den Aktivitäten lockt ein gemütlicher Ausflug in die Lüneburger Heide. Von ihrer wohl schönsten Seite zeigt sie sich im Naturschutzgebiet rund um den Wilseder Berg, 25 Kilometer von Soltau entfernt. Bereits 1912 wurden diese Heideflächen unter Naturschutz gestellt. Zahlreiche Schnuckenherden und Bienenvölker vermitteln den Eindruck ursprünglicher Heideidylle. Und mit viel Glück begegnet man einem Schäfer mit seiner Herde und darf seinen Geschichten lauschen …

Mit viel Glück begegnet man einem Schäfer mit seiner Herde.

INFO

Norddeutsches Spielzeugmuseum
Poststraße 7, 29614 Soltau
Tel. 05191 82182
www.spielzeugmuseumsoltau.de

Atelier Steffi's Art
Stefanie Klymant
Stübeckshorn Nr. 8, 29614 Soltau
Tel. 05190 272
www.steffisart.de

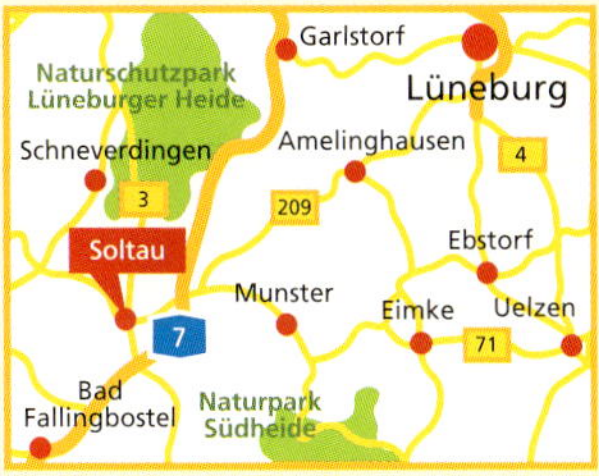

Klettern im Wald

Mit der Erschließung der Thermal-Jod-Sole 1968 begann der Aufstieg Bad Bevensens zu einem der führenden Heilbäder in Niedersachsen. Sogar in der kalten Jahreszeit kann man im 32 Grad warmen Heilwasser der Therme Entspannung finden oder im zwölf Hektar großen Kurpark, der durch fünf Brücken über die Ilmenau mit der Altstadt verbunden ist, flanieren.

Für Stadtkids-Abenteurer, die allerdings schon 1,40 Meter Länge nachweisen müssen oder fitte Erwachsene, die Spannung pur erleben möchten, bietet »TreeTrek« inmitten des Kiefernwaldes eine aufregende Hochseilkletterlandschaft zum Austoben: elektrisierender Nervenkitzel zwischen Waldboden und Baumwipfeln. Auf 64 000 Quadratmetern naturbelassenem Wald haben die Mitarbeiter von »TreeTrek« mehr als 30 Plattformen in die hohen Kiefern der Amtsheide gezimmert und dazwischen 40 schwankende Verbindungspfade in die Bäume gespannt: Hängebrücke, Tarzanseil, Holzsteg, Kriechtunnel, Kletternetz, Hangelhilfe garantieren den ultimativen Kick zwischen drei und zehn Metern über dem Waldboden. Zwei bis drei Stunden dauert so eine Tour durch die Bäume. Gut 500 Meter Seilbahnen führen zurück auf den Waldboden. Etwas Mut braucht es schon, in luftiger Höhe Eichhörnchen oder Tarzan zu spielen, doch wer sich und seine Angst erst einmal überwunden hat, will gar nicht mehr auf den Boden der Tatsachen zurück.

Gut 500 Meter Seilbahnen führen zurück auf den Waldboden.

Die Belohnung für die aufregenden Klettereien sind die extra langen Seilbahnen am Ende jedes Parcours, die jeden wieder auf den festen Boden zurückbringen. Die TreeTrek-Mitarbeiter Mike, Nicola, Peter, Tom und Willi lassen Kletterwütige erst nach intensivem Training in die Bäume. Und … sollte irgendjemand irgendwo einmal stecken bleiben oder einfach nicht mehr weiter wollen, weil er seine Kräfte überschätzt hat, wissen die Trainer ganz genau, wie er sicher und schnell wieder nach unten kommt. Begleiter zahlen übrigens keinen Eintritt und können staunend und ohne Risiko die ganze Zeit nah bei den Aktiven bleiben.

INFO

TreeTrek Gmbh
Valeria Nicola Haase
Alter Mühlenweg 1b
29549 Bad Bevensen
Tel. 05821 992699
Fax 05821 992690
nicola.haase@treetrec.de
www.treetrek.de

LÜNEBURG

Weißes Gold und Stint

Die weit über tausend Jahre alte Stadt gilt nicht ohne Grund als eine der faszinierendsten Städte Norddeutschlands. Während des Zweiten Weltkriegs blieb Lüneburg unversehrt, sodass die Stadt ihr mittelalterliches Ambiente beibehalten hat – einer der Gründe dafür, dass Lüneburg seit Oktober 2007 wieder den Titel »Hansestadt« tragen darf. Kleine verwinkelte Häuser, Kopfsteinpflaster und wunderschöne Treppen- und Schneckengiebel prägen das Stadtbild.

Überall in der Altstadt begegnet dem Besucher die Vergangenheit der Stadt, deren wichtigstes Gut das Salz war. Durch den Handel mit dem damals so kostbaren »weißen Gold« kam Lüneburg zu Reichtum und Ansehen. Die Auswirkungen der Soleförderung sind noch heute zu bestaunen: Auf dem Weg zur Saline kommt man an ungewöhnlich bauchigen Häusern und schiefen Mauern im Senkungsgebiet vorbei.

Die Geschichte des Salzes und seine Verbindung zu Lüneburg gibt es im Deutschen Salzmuseum in der ehemaligen Saline zu entdecken. Die aus dem Untergrund geförderte Sole wurde in bleiernen Pfannen gesiedet – wie hart diese Arbeit war, lässt sich beim historischen Schau-Sieden im Außenbereich des Museums bestaunen. Spannend ist auch ein Gang durch die Unterwelt der Stadt: Die Besucher tasten sich durch einen finsteren Gang voran, bis sie am Ende vor einem Becken mit sprudelnder Sole stehen. Hier macht sich eine lebensgroße Figur zu schaffen, der Fahrtknecht, ein Salinenarbeiter, der im Bergwerksbetrieb der Saline tätig war. Zum Hochpumpen der Sole diente die Wasserkraft der Ilmenau, jenes Flusses, der den Lüneburger Hafen zum Umschlagplatz für das kostbare Salz auf dem Weg nach Lübeck machte. Heute ist der mittelalterliche Kran an der Ilmenau eines der Wahrzeichen Lüneburgs.

Treppen- und Schneckengiebel prägen das Stadtbild.

Am Stintmarkt wurde, wie es der Name schon andeutet, ein Fisch gehandelt. Der Stint war besonders im Mittelalter sehr beliebt und erlebt heute bei Feinschmeckern eine Renaissance. Heutzutage befindet sich hier Lüneburgs größte Kneipenmeile.

INFO

Deutsches Salzmuseum
Industriedenkmal Saline Lüneburg
Sülfmeisterstraße 1
21335 Lüneburg
Tel. 04131 45065
Fax 04131 45069
info@salzmuseum.de
www.salzmuseum.de

SATEMIN

In die Runde gebaut

Das Wendland am östlichen Rand der Lüneburger Heide: Kaum ein anderer Landstrich bietet eine so große landschaftliche Vielfalt. Saftige Wiesen, umrahmt vom bunten Grün der moorigen Wälder, wechseln mit Feldern ab. Mittendrin die Rundlingsdörfer, beschützt von hohen Eichen in den Niederungen. Flusslandschaften, die an die letzte Weichseleiszeit erinnern.

Die für das Wendland typischen Dörfer werden Rundlinge genannt, weil die meist farbenfroh gestrichenen Fachwerk-Hallenhäuser um einen zentralen Dorfplatz herum aufgereiht wurden. Unverfälscht erhalten ist diese althergebrachte Bebauung im Umland von Lüchow – in Schreyhan, Göttin und Lübeln. Dort hat man aus der Geschichte der Vorfahren ein Freilichtmuseum in einem wendlandtypischen Rundlingsdorf gemacht, wo manch altes Handwerk wieder auflebt: Es wird geschmiedet, gewebt, getöpfert, gebacken und sogar Körbe geflochten. Eine Radtour durchs Wendland und die Einkehr in eines der restaurierten Bauernhäuser, die heute als Café oder Restaurant eine neue Aufgabe gefunden haben, ist ein entspannendes Vergnügen. Spargel, Heidekartoffeln, Wildbret aus freier Natur oder Heidschnucke sind Grundlagen für die kulinarischen Köstlichkeiten aus der Region. Das ist auch in Satemin der Fall, etwa vier Kilometer südwestlich von Lüchow gelegen und mit seinen ursprünglich zwölf Hufen der größte und einheitlichste Rundling. Die schmucken Vierständerhäuser stehen unter Denkmalschutz. Heute findet man in Satemin eine Töpferei, die zugleich ein Maleratelier und ein Café beherbergt. Direkt am Dorfplatz liegt der Markthof, ein saniertes Fachwerkensemble, das gemütlich-rustikale Ferienappartements bereithält. Die Besitzer Edith und Friedemann Neddens veranstalten im angegliederten Café Konzerte, Ausstellungen und Lesungen. Höhepunkt des Jahres ist jedoch eindeutig der Pfingstmarkt – die Besucherströme beweisen es –, bei dem rund 50 Kunsthandwerker aus dem nordeuropäischen Raum ihre fantasievollen Arbeiten zeigen.

Alle Vierständerhäuser stehen unter Denkmalschutz.

INFO

Markthof Satemin
Satemin Nr. 25
29439 Lüchow/Wendland
Tel. 05841 709230
Fax 05841 7091230
marketing@satemin.de
www.markthof-satemin.de

Wein von den Elbhängen

Wein aus Norddeutschland, und dann noch von der Elbe? Richtig gelesen: Das niedersächsische Städtchen Hitzacker belehrt mit seinen Reben, die bei viel Sonne am Elbhang gedeihen, alle Zweifler eines Besseren. Der kleine Weinberg im Wendland ist einer der nördlichsten Deutschlands und wirft immerhin so viele Trauben ab, dass jährlich rund 50 Flaschen »Hidesacker Weinbergströpfchen« abgefüllt werden können. Nur zu besonderen Gelegenheiten werden sie kredenzt. Etwa zum Weinfest im Herbst, wenn die Weinkönigin gewählt wird. Ein Blick in die Chroniken zeigt, dass der Weinbau in Hitzacker Tradition hat. »Er ist trocken-süffig und passt hervorragend zum Essen«, charakterisiert Fritz Melsheimer das Weinbergströpfchen von heute. Dem Winzer aus Rheinland-Pfalz fällt jedes Jahr erneut die Aufgabe zu, den Elbe-Cuvée aus den verschiedenen Rebsorten, die in Hitzacker wachsen, zu kreieren – überwiegend Müller-Thurgau, Ortega, Kerner und Albalonga. Die Lage des Weinbergs am Südhang könnte besser nicht sein. Nicht nur des guten Tropfens wegen – es bietet sich ein atemberaubender Blick auf die Altstadtinsel und die Elbtalauen. Hitzacker ist ein optimaler Ausgangspunkt für vielerlei Aktivitäten: ob Rad fahren oder Wandern, Nordic Walking oder Reiten. Weit über die Grenzen Niedersachsens hinaus ist Hitzacker bekannt für seine »Sommerlichen Musiktage« und die »Musikwoche« im Februar.

Vom Weinberg schweift der Blick über die Elbtalauen.

Beim Bummeln durch die Altstadt entdeckt man prachtvolle Fachwerkbauten und das Alte Zollhaus aus dem Jahr 1589. Im ältesten Gebäude der Stadt verwaltete man für das Welfenhaus die lukrative Maut. Heute ist das Zollhaus ein Museum. Während der Zöllner im historischen Gewand anschaulich von Hitzackers Hexen erzählt, können die Kleinen Buddelschiffe bauen, die Zwergenwerkstatt besuchen oder wie zu Omas Zeiten das Schreiben lernen. Die Umgebung des Fachwerkstädtchens lernt man am besten auf Schusters Rappen oder vom Sattel aus kennen. Denn für Wanderer, Radfahrer und Reiter ist das ganze Jahr über Saison. Viele Kilometer Rad-, Wander- und Reitwege führen durch den Naturpark Elbufer-Drawehn, der sozusagen vor der Haustür liegt.

INFO

Tourist-Information Hitzacker
Am Markt 7
29456 Hitzacker
Tel. 05862 96970
www.elbtalaue.de

Altes Zollhaus
Zollstraße 2, 29456 Hitzacker
www.museum-hitzacker.de

Mit Pfeil und Bogen

Als größtes zusammenhängendes Mischwaldgebiet war der Staatsforst Göhrde einst ein beliebtes Gebiet für die Prunkjagden des Adels. Heute laden die ausgedehnten Wälder zu Wanderungen, Fahrradtouren und Kutschfahrten ein. Wer Ruhe und Erholung sucht, stößt hier auf verwunschene Pfade und Plätze, die zum Träumen verführen.

Nicht nur die Kleinen sind begeistert, wenn die Idylle von einem Besuch des Waldmuseums unterbrochen wird. Auch Erwachsene können ihr Wissen auffrischen und finden garantiert die eine oder andere neue Anregung. Die Tiere des Waldes, die landschaftliche Entwicklung der Göhrde, Wissenswertes über die forstwirtschaftliche Nutzung des Waldes und die Geschichte der Jagd mit einer Ausstellung zahlreicher Präparate und der unterschiedlichen Jagdwaffen stehen im Mittelpunkt. Schon das Museumsgebäude aus feinstem Fachwerk lohnt den Abstecher. Der ehemalige »Celler Stall« gehörte einst zum Jagdschloss und bot den Pferden Platz, die Herzog Georg Wilhelm für seine Jagd benötigte. Im Hof des Museums werden Vogelfreunde von einem Greifgehege magisch angezogen, und wer etwas Glück hat, erlebt sogar eine erklärende Vorführung. Eule, Kauz und Uhu kommen dann aus ihren Volieren und Fachleute der Vogelpflegestation Wendland stehen den Fragen der Besucher Rede und Antwort. Auch erkrankte Tiere, die aus eigener Kraft nicht überleben würden, finden hier ein vorübergehendes Zuhause und werden aufgepäppelt, bevor sie in die Freiheit entlassen werden.

Im Hof des Museums finden Vogelfreunde ein Greifengehege.

Ein Highlight ist der Bogenparcours in einem Waldstück unweit des Museums, auf dem im Sommer mehrstündige Wanderungen angeboten werden. Groß und Klein können sich hier nach einer Unterweisung im Bogenschießen üben und Robin Hood spielen. Vor allem Jugendliche haben Spaß dran! Mehrmals im Jahr finden Aktionstage statt, die Leben ins Museum bringen. Dann kann man sich bei einem Waldquiz profilieren oder einem der Kunsthandwerker über die Schulter schauen. Kaffee und hausgemachter Kuchen inklusive!

INFO

Waldmuseum Göhrde
König-Georg-Allee 5
29473 Göhrde
Tel. 05855 675
info@waldmuseum-goehrde.de
www.waldmuseum-goehrde.de

Kleine und große Forscher

Ein altes Gemäuer und das Leben am Strom: Das Elbschloss Bleckede ist das Erlebnis- und Informationszentrum des Biosphärenreservats Niedersächsische Elbtalaue. Hinter dem eher trockenen Namen verbirgt sich eine interaktive, moderne Ausstellung, die sich für Alt und Jung zu entdecken lohnt!

Zuallererst gilt es, den Aussichtsturm des Schlosses, das Herzog Ernst II. von Braunschweig-Lüneburg 1600 im Fachwerkstil erbauen ließ, zu erklimmen. Die Belohnung für den mühsamen Aufstieg ist ein atemberaubender Blick auf Bleckede und die Elbtalaue. Die Ausstellung wartet gleich zu Beginn mit einem Eyecatcher auf: Im 16 000 Liter fassenden Aquarium tummeln sich Aal, Brasse, Zander und Wollhandkrabbe und lassen sich bereitwillig aus nächster Nähe beobachten. Gleich nebenan kann man einer Storchenfamilie per Kamera direkt ins Nest blicken. Auch eine »Reise« auf der Elbe von ihrer Quelle bis zur Mündung können Besucher im Elbschloss unternehmen. Im Obergeschoss des Hauses ist der Besucher der »Faszination Fliegen« auf der Spur, begleitet Vögel auf einem Rundflug oder bastelt selbst welche. Aus Sicht eines Seeadlers geht er auf Beutefang, als Rotmilan sucht er ein Winterquartier und mit den Blässgänsen hebt er ab! Spannend ist auch das Überflutungsmodell, das jedem erlaubt, den Pegelstand der Elbe nach Lust und Laune selbst zu bestimmen. Was Landwirte, Schäfer, Fischer und Deichschützer so alles zu berichten haben, macht selbst die Ungeduldigsten zu ruhigen Zuhörern. Unterm Dach entführt schließlich eine Ton-Bild-Schau in die Welt der Zimmerleute aus dem 18. Jahrhundert. Nach dem Rundgang lädt das Café Fritz zu Kaffee und Kuchen ein.

Besucher gehen der »Faszination Fliegen« nach.

Der idyllische Schlosshof überzeugt als stimmungsvolle Kulisse für Kulturveranstaltungen. Der »Musikalische Frühling« begeistert alljährlich ein internationales Publikum, das Burgfest entführt jeden Sommer auf einen mittelalterlichen Markt und die Weidenwerkstatt präsentiert das ganze Jahr über regionales Handwerk.

INFO

Elbschloss Bleckede
Schlossstraße 10
21354 Bleckede
Tel. 05852 95140
Fax 05852 951499
info@elbschloss-bleckede.de
www.elbschloss-bleckede.de

DÖMITZ

Palmen am Elbstrand

Dort, wo sich Elbe und Elde vereinen, entstand vor rund 800 Jahren die Stadt Dömitz. Die Schifffahrt auf der Elbe und die Lage als Grenzort im Dreiländereck von Niedersachsen, Brandenburg und Mecklenburg-Vorpommern prägten die Geschichte der alten Festungsstadt, dessen bekanntester »Insasse« wohl der niederdeutsche Dichter Fritz Reuter war.

Die Elbe bestimmt auch den Charakter dieser weitgehend unberührten Landschaft. Von der brandenburgischen Landesgrenze hinter Dömitz dehnt sich elbabwärts bis nach Lauenburg auf 400 Quadratmetern der Naturpark Mecklenburgisches Elbetal aus. Große Feuchtgebiete, Moore, Binnendünen und Weichholzauen prägen das Tal. Dömitz bietet dem Besucher reizvolle Freizeitvergnügen wie Rad fahren, Wassersport oder eine Entdeckungstour auf Elbe und

Elde mit dem Fahrgastschiff oder der Barkasse. Neuerdings gibt es auch Direktfahrten bis nach Hamburg. Für Wanderer und Radfahrer von besonderem Reiz ist das Naturschutzgebiet »Elbtaldünen bei Klein Schmölen«. Dieser faszinierende Binnendünenkomplex entstand mit dem Ende der letzten Eiszeit. Schon von Weitem zieht eine riesige Binnenwanderdüne den Blick auf sich. Stolz erhebt sie sich fast 30 Meter über das Niveau der Talaue.

Warum eigentlich ans Mittelmeer fahren? Seit Kurzem wachsen in Dömitz an der Elbe sogar Palmen. Die Idee, allerfeinsten Sandstrand anfahren und exotische Palmen pflanzen zu lassen, hatte ein Unternehmer aus dem Kreis Ludwigslust – Kai Hagen, der auch das »Vielanker Brauhaus« betreibt. Der Strand gehört zu einem als Hotel und Restaurant umgebauten Hafenspeicher. Hier können die Gäste in Strandkörben unter Palmen ihre Getränke am »südlichsten Strand von Mecklenburg« genießen. Neben dem Panorama-Café mit einem fantastischen Blick über die Elbtalauen bietet der engagierte Unternehmer in seinem Fischrestaurant Spezialitäten aus Seen und Meeren, aber auch hausgemachte Pasta und Pizza aus dem original italienischen Holzbackofen an.

Schon von Weitem sieht man die riesige Binnenwanderdüne.

INFO

Dömitz Tourist-Information
Rathausplatz 1, 19303 Dömitz
Tel. 038758 22112

Dömitzer Hafen-Gastronomie
Hafenplatz 3, 19303 Dömitz
Tel. 038758 364290
info@doemitzer-hafen.de
www.doemitzer-hafen.de

LUDWIGSLUST

Im Versailles des Nordens

Seit alters her heißt das Land zwischen den Flüsschen Sude und Elde im Volksmund »Griese Gegend«. Während die einen behaupten, der Name leite sich von der grauen Farbe des leichten Bodens ab, glauben andere, »Gries« sei der Ausdruck für »Arm«. Wer auch immer Recht hat, mittendrin liegt Ludwigslust, dessen Name auf das einst schlichte Jagdschloss Christian Ludwig II. von Mecklenburg zurückgeht – auf »Ludwigs Lust«.

Eine Besichtigung der Innenräume führt in den Goldenen Saal, dessen große Fenster, Spiegel und Kristalllüster alles in höfischem Glanz erstrahlen lassen. Die vergoldeten Dekorationen, die Wände, Decken und Türen zieren, sind Produkte der ehemaligen herzoglichen Karton-Fabrik zu Ludwigslust. Die historisch ausgestatteten Räume gewähren dem Besucher Eindrücke in die höfische Kunst und Wohnkultur des

18. und 19. Jahrhunderts. Ein Miniaturen-Kabinett, kostbare Jagd- und Prunkwaffen, kunstvolle Möbel sowie Werke des französischen Hofmalers Jean Baptiste Oudry künden vom Kunstverstand der mecklenburgischen Herzöge. Zu allen Jahreszeiten lädt der Schlosspark zu ausgedehnten Spaziergängen ein. Um Wasser für die Wasserspiele und die Kaskade vor dem Schloss heranzuführen, musste eigens ein Kanal von der Stör bis zur Rögnitz gegraben werden.

Friedrich träumte von einem »mecklenburgischen Versailles«.

Unmittelbar am Schlossplatz verzaubert der Flair einer alten Poststation im Kutschenmuseum. Geschirrkammer, Hufschmiede, Pferdestall und Wagenremise mit Kutschen runden die historische Entdeckungstour in Ludwigslust ab. Freunde der Kleinkunst sollten sich das jährlich stattfindende »Kleine Fest im großen Park« nicht entgehen lassen.

Die leichten Böden sind heute für die Bauern der »Sanddorn Storchennest GmbH« ein Glücksfall: Um Ludwigslust herum gedeihen die vitaminreichen Früchte auf weiten Flächen hervorragend und werden nach der Ernte im Herbst zu Leckereien wie Saft, Konfitüre, Tee oder auch Müsli verarbeitet.

INFO

Staatliches Museum Schwerin
Schloss Ludwigslust
Schlossfreiheit 7, 19288 Ludwigslust
Tel. 03874 57190

Stadt Ludwigslust
Schlossstr. 38, 19288 Ludwigslust
Tel. 03874 5260
www.stadtludwigslust.de

REDEFIN

Hoch zu Ross

Als landesherrschaftliche Stuterei belieferte Redefin schon 1710 den herzoglichen Schweriner Marstall mit edlen Pferden. Ein Jahrhundert später, nach einem kurzen Intermezzo, wurde sie als Hauptgestüt weiter betrieben. Die seit 1935 alljährlich stattfindenden Hengstparaden gehören bis heute zu den bedeutendsten Großveranstaltungen Mecklenburg-Vorpommerns.

Die Einrichtungen in Redefin wurden 1993 vom Land Mecklenburg-Vorpommern übernommen. Es betreibt dort Pferdezucht, handelt mit Sportpferden und richtet auf dem historischen Anwesen Turniere von internationaler Bedeutung aus. Begehrt sind bei Reitern die profunden Lehrgänge, die das Landgestüt anbietet. Besucher dürfen sich einer der täglichen Führungen anschließen, bei denen sie Wissenswertes über das Gestüt, seine 200-jährige Geschichte und natürlich die Hengste erfahren. Im gemütlichen Café kann der Besucher dann bei Kaffee und Kuchen den Gestütsbesuch stilvoll ausklingen lassen. Ein besonderes Erlebnis verspricht die alljährlich im Frühsommer stattfindende Messe »LebensArt«. Hier finden Leute mit einem Faible für das Extravagante unzählige Ideen und Anregungen, um Wohnung, Haus und Garten zu verschönern.

Auf dem Rücken der Pferde erkunden Reiter den Verbindungsweg zwischen den beiden Landgestüten Redefin und Neustadt. Die Vermächtnisse der verschiedenen Fürsten- und Herzogtümer, die lange Zeit in der Region lebten, zeugen noch heute vom altertümlichen Glanz. So liegt die Plattenburg, eine der größten erhaltenen Wasserburgen Norddeutschlands, direkt am Reitweg. Erhabene Gutsgehöfte, wie der in Eldenburg, wurden liebevoll restauriert und sind ideale Rastplätze für Reiter und Pferd. Auf dem Gestütsweg geht es abwechslungsreich durch ausgedehnte Kiefernwälder, sanfte Hügel, großflächige Wiesen und Äcker sowie kleine Moore.

Erhabene Gutsgehöfte sind ideale Rastplätze für Reiter und Pferd.

INFO

Landgestüt Redefin
19230 Redefin
Tel. 038854 6200
Fax 038854 62011
info@landgestuet-redefin.de
www.landgestuet.redefin.de

Zeitreise im Naturparadies

Die Lewitz, eine wasser- und wiesenreiche Niederungslandschaft, erstreckt sich südlich von Schwerin bis nach Neustadt-Glewe und Parchim. Neben Elde und Stör durchziehen viele von Menschenhand geschaffene Wasserläufe und vor allem ausgedehnte Fischteiche das Gebiet, das einst Jagdrevier der mecklenburgischen Herzöge war. Daran erinnert heute das schlichte, dreiflügelige Jagdschloss Friedrichsmoor zwischen Neustadt-Glewe und Schwerin.

Alte Eichen umgeben das um 1780 erbaute Schloss. Berühmte Persönlichkeiten gingen hier auf die Jagd, darunter Kaiser Wilhelm I. und der Reichskanzler Bismarck. Zahlreiche Wanderwege führen im März durch die »Waldlewitz« mit weiß blühenden Anemonen – der Mai taucht die »Wiesenlewitz« in ein gelbes Blütenmeer des Löwenzahns.

Im ehemaligen Jagdschloss kann man heute in historischer Umgebung fürstlich speisen und übernachten.

Wenige Kilometer westlich von Neustadt-Glewe liegt das Gut Lewitz, auf dem Paul Schockemöhle im großen Stil Pferde züchtet. Die ausgedehnten Weiden und großen Stallungen des ehemals volkseigenen Gutes bilden dafür beste Voraussetzungen.

Berühmte Persönlichkeiten gingen hier der Jagdleidenschaft nach.

Sehenswert ist die Wiesenmeisterei Tuckhude, die im 19. Jahrhundert dem Wiesenmeister als Wohn- und Verwaltungsstätte diente. Er verpachtete die herzoglichen Wiesen an umliegende Bauernhöfe und sorgte dafür, dass der erste Schnitt des Grases an die Pferdeställe des Herzogs geliefert wurde. Heute lädt die Wiesenmeisterei zu einer spannenden Zeitreise ein: Ein Kräuter- und Bauerngarten und das Museum für Hausgegenstände, Werkzeuge und Geräte erzählen von alten Zeiten. In der Web- und Spinnstube ist es möglich, bei der Verarbeitung von Naturfasern zuzusehen. Erntefest, Kartoffelfest, Bauernmarkt oder das Schlachtfest erinnern an das Leben der Menschen vergangener Zeiten und lassen den Besucher die Lebensweise auf den Gehöften nachempfinden.

INFO

Jagdschloss Friedrichsmoor
Schlossallee 10
19306 Friedrichsmoor
Tel. 038757 54571
www.jagdschloss-friedrichsmoor.de

Wiesenmeisterei Tuckhude
Tel. 038757 238000
www.wiesenmeisterei-tuckhude.de

ZARRENTIN

Auf dem Moorpfad

Die Faszination der Natur erleben und endlich wieder einmal so richtig ausspannen. Rund um den Schaalsee, mit 72 Metern der tiefste See Norddeutschlands, finden sich Moore, Wälder, Erlenbrüche und Feuchtwiesen. Hier ist der Fischotter genauso zu Hause wie der Seeadler. Zu Fuß oder auf dem Fahrrad lässt sich die Natur hier am besten genießen und die eine oder andere verschwiegene Badestelle entdeckt man bestimmt.

Das kleine Städtchen Zarrentin am Südufer des Sees hat seinen charmanten, dörflichen Charakter nicht verloren. Im Pahlhuus bietet das Informationszentrum des Biosphärenreservates Schaalsee dem Besucher »ungewöhnliche Einblicke« in die Region. Hier beginnt auch der Moorpfad in die faszinierende Natur der Schaalseelandschaft – auf Wunsch auch in Begleitung erfahrener Ranger. Versäumen sollte man in Zarrentin nicht, den frisch gefangenen Fisch aus dem Schaalsee zu probieren. Die Fischerei Rehbohm & Voß am Fischerberg bietet ihn täglich frisch an: Hecht, Barsch, Schlei und Forelle und ab Mai auch das »Gold des Schaalsees«, die Maräne. Ob nun geräuchert, in Aspik oder im Fischbrötchen: Am besten schmecken die Köstlichkeiten aus dem glasklaren Wasser direkt am Ufer auf den Holzbänken von Fischer Werner Voß – natürlich mit Blick auf den Schaalsee.

Unter der riesigen Linde des Klosters Zarrentin kann der Spaziergänger erst einmal genüsslich entspannen, bevor er das ehemalige Zisterziensernonnenkloster für sich erobert. Ein einzigartiges Musikerlebnis bieten die Konzerte im Refektorium. Fragt man, woran das liegt, stößt man schnell auf die räumlichen Besonderheiten des »Konzertsaales«: den historisch getreu wiederhergestellten Fußboden, die wunderschönen Säulen, die himmelhohen Fenster und natürlich die im Mauerwerk ablesbaren Spuren einer 750-jährigen Vergangenheit. Auch im detailgetreu sanierten Kreuzgang kann der Besucher sich der magischen Anziehungskraft der Klosteratmosphäre kaum entziehen …

Am besten schmeckt der Fisch mit Blick auf das Wasser.

INFO

Amt Zarrentin
Frau Marwedel
Kirchplatz 1, 19246 Zarrentin
Tel. 038851 838105
Fax 038851 25488
www.amt-zarrentin.de
www.kloster-zarrentin.de

Traditionelle Technik

Vor den Toren der Stadt Lübz, bekannt für ihre nordische Bierbraukunst, liegt das Technische Denkmal Ziegelei Benzin – die einzige öffentlich zugängliche Ringofenziegelei Mecklenburg-Vorpommerns, in der Besucher die traditionelle Herstellung von Ziegeln anschaulich »begreifen« können.

Solche Ziegeleien ermöglichten den ungeheuren Boom der Backsteinbauten der Gründerzeit. Dank einer revolutionären Technik, dem »Hoffmanschen Ringofen«, konnten, ganz anders noch als zu Zeiten der Backsteingotik, große Mengen Ziegel relativ preiswert produziert werden. Die Ziegelei Benzin produzierte von 1907 bis 1990 mit nahezu unveränderter Technik Ziegelsteine – zuletzt für den Denkmalschutz der DDR. Mit der Wende war das Werk schlagartig unrentabel und drohte nach Leerstand zu verfallen. Weil die komplette Technik seit der Gründung vor rund 100 Jahren originalgetreu erhalten geblieben ist, wurde die Ziegelei unter Denkmalschutz gestellt. Seit 2005 lenkt der Verein Technisches Denkmal Ziegelei Benzin e. V. die weiteren Geschicke des Industrie-Veteranen. Die zur Jahrhundertwende typische Technik, eine Strangpresse und andere Rohstoffaufbereitungsmaschinen, die über eine mächtige Transmission von einer Dampfmaschine angetrieben werden, sind ebenso erhalten wie das Herzstück der Anlage, der Hoffmannsche Ringofen. In dessen umlaufendem Gewölbe wurden einst mehr als eine Million Ziegel jährlich gebrannt. Wenn sich die Ziegeleimaschinen heute in Gang setzen, wenn der Kollergang rumpelt, wenn die Ziegelpresse knarrt, weht ein Hauch vergangener Tage durch die Anlage und Besucher bekommen eine Vorstellung von den Abläufen in einer Ringofenziegelei.

Die Ziegelei ermöglichte den Boom der Backsteinbauten.

Wer mag, kann selbst einen Ziegel streichen oder im Museumsshop einen Glücksziegel, Buchstützen, eine historische Maulwurfspfeife oder kunsthandwerkliche Keramik erwerben. Im angeschlossenen Café schmeckt nach einer Fahrt mit der Parkeisenbahn um die Tongrube der Kuchen aus dem Lehmbackofen doppelt so gut.

INFO

Ziegelei Benzin-Beschäftigungsgesellschaft mbH
Ziegeleiweg 8
19386 Benzin
Tel. 038731 8059
ziegelei-benzin@t-online.de
www.ziegelei-benzin.de
www.lehm-backsteinstrasse.de

GÜSTROW

Prachtvolle Pferde

Schon die Stadtsilhouette lässt erahnen, dass hier die Geschichte bis in das Mittelalter zurückverfolgt werden kann. Verborgene Gassen und Winkel, durch die einst Feldherr Wallenstein marschierte und in denen der unvergessene Künstler Ernst Barlach Inspiration suchte und fand. Wir sind in Güstrow, im Herzen Mecklenburg-Vorpommerns.

Einst residierten hier die Herzöge Mecklenburg-Güstrow. Ihr Schloss ist das wohl bedeutendste Renaissancebauwerk in Norddeutschland. Eine Augenweide ist der nach Original-Stichen aus jener Zeit angelegte Schlossgarten, der im Sommer farbenprächtige Blüten präsentiert. In der Altstadt begegnen dem Besucher auf Schritt und Tritt aufwendig restaurierte, klassizistische Bürgerbauten. Der »Schwebende Engel« Barlachs ziert den Platz vor dem Dom und in der Gertrudenkapelle lassen sich weitere Plastiken des Künstlers bewundern. Allein sein Schaffen und Wirken ist sicherlich auch heute noch Grund genug, nach Güstrow zu fahren. Drei Museen zeigen das Werk des Mannes, der sich 1910, im Alter von 40 Jahren, in der Stadt niederließ.

Wenige Kilometer von Güstrow entfernt liegt das Gestüt Ganschow. Gut 350 Pferde, Trakehner und Mecklenburgische Zuchtstuten werden hier von Friedhelm Mencke und seiner 20-köpfigen Mannschaft betreut. Nicht nur Pferdefreunden geht das Herz auf, wenn die Herden auf die weitläufigen Weiden galoppieren, um dann in aller Ruhe zu grasen. Alljährlicher Höhepunkt in Ganschow sind die Stutenparaden im Juli, wenn die Pferde an mehreren Wochenenden in einem vielstündigen Schauprogramm präsentieren, was in ihnen steckt. Neben der hochprofessionellen Pferdezucht und -ausbildung können hier auch Familien mit Kindern Reiterferien machen. Für Pferdenarren ein richtiges Paradies, und auch die Kleinen bekommen für die Zeit ihres Aufenthalts ein eigenes Pony, auf dem sie reiten und für das sie Verantwortung tragen. Bei Fütterung und Pflege lernen sie den Umgang mit ihrem Tier. Erwachsene können derweil das Reitabzeichen erwerben.

Der »Schwebende Engel« Barlachs ziert den Platz vor dem Dom.

INFO

Güstrow Tourismus
Franz-Parr-Platz 10, 18273 Güstrow
info@guestrow-tourismus.de
www.guestrow-tourismus.de

Gestüt Ganschow
18276 Ganschow
Tel. 038458 20226
gestuet.ganschow@t-online.de
www.gestuet-ganschow.de

GROSS RADEN

Lebendige Geschichte

Unterwegs mit dem Ziel Freilichtmuseum Groß Raden entdecken Besucher schon von Weitem den kreisrunden Burgwall der rund 1000 Jahre alten slawischen Siedlung. Sie wurde hier, auf einer Halbinsel wenige Kilometer nördlich von Sternberg, nach archäologischen Funden rekonstruiert. Das richtige Umfeld also für ein spannendes und zugleich lehrreiches Abenteuer für Groß und Klein.

Im 9. Jahrhundert siedelte sich auf diesem Areal ein slawischer Stamm – die Warnower – an. Ihre hölzerne Burg errichteten sie auf einer Halbinsel, die durch einen 50 Meter langen und viereinhalb Meter breiten Sohlegraben vom Land abgetrennt wurde. Über eine etwa zehn Meter lange Brücke gelangte man zum Tor, von dem aus ein langer Weg aus Eichenbohlen mitten durch die Siedlung führte. Beidseits des Weges standen Häuser von unterschiedlicher Konstruktionsweise. In der wiedererweckten, historischen Siedlung entdecken die Besucher Zeugnisse aus jener in Vergessenheit geratenen Zeit: Flechtwand- und Blockhütten, Gebrauchsgegenstände, Backöfen, Burgwall, Schmiede und andere Bauwerke. Doch die Siedlung war mehr als nur eine Heimstatt, hier gab es nämlich einen Tempel, eine Kultstätte zur Anbetung der slawischen Götter. Von weither kamen die Menschen, um ihnen Opfer zu bringen oder sie um Hilfe anzuflehen. Die freigelegte Tempelanlage zeugt davon.

In der Slawenburg gab es eine Tempelanlage.

An der Anlegestelle liegen rekonstruierte frühmittelalterliche Boote, Eisschlitten und Karren, die damals als Transportmittel dienten. Die Slawen betrieben hauptsächlich Ackerbau und Viehzucht. Und so begegnet man auf dem Rundgang durch das Gelände auch den Nachfahren von Schafen und Elchen, die damals als Nutztiere gehalten wurden. In zahlreichen Projekten und Mitmach-Angeboten sammeln Erkundungsfreudige eigene Erfahrungen mit mittelalterlichen Techniken im Töpfern, Filzen und der Lederverarbeitung oder sie messen sich in Wettkämpfen und bei historischen Spielen. Das Freilichtmuseum ist 2009 Außenstandort der Bundesgartenschau (BUGA).

INFO

Archäologisches Freilichtmuseum Slawenburg
19406 Groß Raden
Tel. 03847 2252
Fax 03847 451624
www.gross-raden.de

SCHWERIN

Stadt mit Seen und Wäldern

Traditionsreiche Kulturschätze, faszinierende Architektur sowie ein schier unerschöpflicher Reichtum an Wasser und Wald prägen die fast 850 Jahre alte Landeshauptstadt Mecklenburg-Vorpommerns. Insgesamt zwölf Seen breiten sich bis ins Areal der Stadt aus. Sie sind im Jahr 2009 Mittelpunkt der Bundesgartenschau.

Die auf einer Insel zwischen Schweriner See und Burgsee gelegene, romantische, ehemalige Residenz der mecklenburgischen Herzöge ist heute Sitz des Landtags. Das Märchenschloss ging aus einer kleinen Burg hervor, die zahlreiche Umbauten erdulden musste, bis sie das wurde, was heute zu bewundern ist: Der malerische Schlosshof findet sich inmitten eines Fünfflügelbaus, der das öffentliche Schlossmuseum birgt. Möbel des 18. und 19. Jahrhunderts, Prunkvasen russischer Herkunft und Gemälde von ehemaligen Hofmalern sind nur einige von vielen Kunstobjekten in den mit Stuckdecken und Intarsienfußböden ausgestatteten Räumen. Prunkvollster Raum des Schlosses ist der Thronsaal aus dem Jahr 1858. Der sich auf mehreren Ebenen erstreckende Burggarten mit seinen seltenen Bäumen, der aus Findlingstürmen bestehenden Grotte und dem Palmengarten mit Muschelbrunnen umgibt das Schloss von drei Seiten. Über die Treppen gelangt man auf das Dach der Orangerie. Hier kann man einen herrlichen Panoramablick über die Gartenanlage und den See genießen: ein Rundgang, der sich zu jeder Jahreszeit lohnt.

Prunkvollster Raum des Schlosses ist der Thronsaal.

Gleich vor dem Schloss liegt das Staatliche Museum mit einer der stattlichsten Sammlungen niederländischer Meister. Das imposante Gebäude am »Alten Garten« dient alljährlich als Spielort oder zumindest Kulisse der »Schweriner Schlossfestspiele« des Theaters. Es ist mittlerweile schon ein Stück Tradition, dass im Sommer unter freiem Himmel klassische Opern in einer einzigartigen Atmosphäre aufgeführt werden. Ein besonderes Erlebnis, auch für ausgemachte Kulturmuffel. Das Theater Schwerin ist bekannt für seine oft ungewöhnlichen Inszenierungen.

INFO

Staatliches Museum Schwerin
Alter Garten 3
19055 Schwerin
Tel. 0385 59580
Fax 0385 563090
info@museum-schwerin.de
www.schloss-schwerin.de

GUT DALWITZ

Reitspaß für alle

Im Herzen Mecklenburgs inmitten unberührter Landschaft liegt das traditionsreiche Gut Dalwitz, das sich – mit Unterbrechung von 1945 bis 1992 – bereits seit 1349 im Besitz der Familie Bassewitz befindet. Heinrich von Bassewitz kaufte das marode Anwesen zurück und machte es zu einem funktionierenden Landwirtschaftsbetrieb. Naturliebhaber und Reiterfreunde finden auf dem Gut am Rande der Mecklenburger Schweiz die Gelegenheit, Aktivurlaub zu machen. Die Landwirtschaft betreibt Familie von Bassewitz ökologisch: extensive Rinderhaltung, Getreideanbau, Eierfarm, Forstwirtschaft und Kartoffelanbau.

Der Pferdewirtschaftsmeister Gabriel Rodenberg kümmert sich um die rund 130 Pferde, die in den Boxen der Reithalle, im sanierten Torhaus und auf den Koppeln untergebracht sind. Ob klassischer Reitunterricht auf einem der

Mecklenburger oder Holsteiner Pferde, Kinderreiten auf Ponys oder Westernreiten auf südamerikanischen Criollos, den robusten Arbeitspferden der Gauchos – wer das Glück auf dem Rücken der Pferde sucht, will hier gar nicht mehr weg. Neben den Reitstunden in Dressur und Springen stehen ausgedehnte Ritte durch die Mecklenburger Endmoränenlandschaft auf der Tagesordnung.

Ein besonderes Erlebnis ist ein Ausritt mit der Mecklenburger Meute.

Ein besonderes Erlebnis verspricht ein Ausritt mit der »Mecklenburger Meute«, die seit 2003 auf Gut Dalwitz in einer Kennelanlage am Ortsrand untergebracht ist. Gabriel Rodenberg ist Master der Meute, also verantwortlich für die Ausbildung der 42 Irish Foxhounds zu einer verkehrssicheren und spurtreuen Meute, die zur Reitjagdsaison, also von August bis Dezember, in ganz Norddeutschland im Einsatz ist.

Dalwitz ist keineswegs nur etwas für Reitsportler – in den von Gräfin Bassewitz eingerichteten Ferienwohnungen fühlen sich vor allem Familien wohl, denn auf dem Gut gibt es gerade für Kinder viel zu entdecken. Mittags und abends lockt das Restaurant mit leckeren Steaks vom Biohof nach südamerikanischer Machart.

INFO

Gut Dalwitz
Lucy Gräfin von Bassewitz/
Gabriel Rodenberg
Dalwitz 44
17179 Walkendorf/Mecklenburg
Tel. 039972 56140
post@gutdalwitz.de
www.gutdalwitz.de

LELKENDORF

Seltene Haustierrassen

Stille Seen wechseln mit sanften Hügeln, Wälder mit Niedermoorgebieten, in denen man noch Kranichen, Adlern und Fischottern begegnet, in der Eiszeit entstandene Flüsse schlängeln sich durchs Land: Natur in ihrer Ursprünglichkeit. Wer seinen gestressten »Lebensakku« füllen möchte, findet in der Mecklenburger Schweiz reichlich Gelegenheit dazu.

Ein im Wortsinn lebendes Museum ist der Haustierpark in Lelkendorf, in dem selten gewordene Haustierrassen unter der Regie von Dr. Jürgen Güntherschulze, einem der weltweit renommiertesten Experten für Nutztierrassen, gezüchtet werden. In Lelkendorf tummeln sich selten gewordene alte Nutztierrassen, die in der normalen Landwirtschaft längst von Hochleistungsrassen verdrängt wurden, beispielsweise Wollschweine, Rotbunte Husumer Schweine, ungarische Zackelschafe, Girgentanaziegen, Steppenrinder und Highland Cattles, artgerecht in den Gehegen. Sie präsentieren sich dem Spaziergänger fotogerecht von ihrer schönsten Seite. Tiere, die man noch nie oder schon lange nicht mehr gesehen hat, laufen einem ohne Scheu entgegen. »Wir wollen alten Haustierrassen Lebensraum geben und diese Rassen durch Nachzucht erhalten«, erklärt Dr. Güntherschulze, und der Erfolg gibt ihm Recht. Überall tollen im Frühjahr übermütige, vierbeinige Winzlinge umher – kleine, putzige Lämmer und quirlige Ziegen. Kinder können in einem großen Streichelgehege ihre Angst vor den Tieren überwinden, und auf dem Rücken der Exmoor-Ponys vom Wilden Westen träumen.

Highland Cattles präsentieren sich fotogerecht dem Spaziergänger.

Im angegliederten Hofladen hat der Besucher die Qual der Wahl: Hausgemachte Wurst, Eier von glücklichen Hofhühnern, Bienenhonig, Konfitüre und Früchte aus den Bäumen der Streuobstwiesen warten neben selbst gebackenem Kuchen darauf, am Ende eines erlebnisreichen Tages mit nach Hause genommen zu werden.
Gleich neben dem Hausstierpark lädt der »Koi-Tempel« ein, in dem Martin Scholz die wertvollen karpfenartigen Zierfische asiatischer Herkunft verkauft. Seit Jahren ist er ein begeisterter Fan von Gartenteichen und die aus Japan stammenden Koi-Karpfen haben es ihm besonders angetan.

INFO

Haustierpark Lelkendorf
Alte Dorfstraße 20
17168 Groß Markow
Tel. 039956 29509
www.haustierpark-lelkendorf.de

Koi-Tempel Scholz
Parkweg 1
17168 Lelkendorf
Tel. 039956 29146

BASEDOW

Eine wechselvolle Geschichte

Unmittelbar am Malchiner See liegt das Schlossensemble Basedow, das in seiner Gesamtheit mit Herrensitz, dem ausgedehnten Landschaftspark, den Wirtschaftsgebäuden und dem Dorf eine wohl einmalig harmonische Einheit bildet. Rund 600 Jahre lang war das Gut im Besitz der Familie von Hahn, die in Spitzenzeiten 25 000 Hektar Land ihr Eigen nannte. Doch die Bodenreform 1945 setzte der Familientradition ein Ende: Die Hahns wurden enteignet und das Schloss musste schwere Zeiten erdulden.

So wurde aus dem Rittersaal ein Kalilager. Der Marstall beherbergte eine Maschinen-Ausleihstation und eine Kartoffelsortieranlage, bis er einzustürzen drohte. Nach der Wende wurde schließlich 2004 alles an zwei Schweizer versteigert. Seitdem hallen die Hammerschläge der Zimmerleute durch den einstigen Marstall. Es tut sich was in Basedow.

Die Nachfahren der Besitzer zog es bald nach der Wende in ihre Heimat zurück: Annette Gräfin und Eckhard Graf Hahn betreiben Landwirtschaft in einem Nachbardorf und gründeten einen Förderverein für die Erhaltung des Schlosspark-Ensembles Basedow. Das im Stil der Neorenaissance erbaute Schloss thront inmitten eines riesigen Landschaftsparks. Eckhard Graf Hahn bietet Führungen durch die ausgedehnte Anlage an. Dass Basedow zu Beginn des 19. Jahrhunderts eine der wichtigsten Zuchtstationen für englische Vollblüter war, erklärt die riesigen Ausmaße des ehemaligen Marstalls. In 100 Boxen fanden die für die Rennbahn in Bad Doberan gezüchteten Pferde genügend Platz.

Der nach englischem Vorbild gestaltete Landschaftspark ist riesig.

Ein Spaziergang durch die weitläufige Gutsanlage endet im alten Schafstall, in dem einst Merinoschafe standen. Dort hat Annette von Hahn ein gemütliches Café eingerichtet und bietet im Bauernmarkt regionale Produkte an. Die Gäste können sich an Kuchen und deftigem Eintopf satt essen und als Erinnerung Keramik, Glas, Wolle, Naturkosmetik und Produkte aus der ländlichen Umgebung einkaufen. Eine besondere Spezialität der Gräfin ist selbst hergestellter Holunderblütensirup.

INFO

Alter Schafstall/Schloss Basedow
Annette Gräfin von Hahn
Dorfstraße 10
17139 Basedow
Tel. 039957 20454
alterschafstall@aol.com
www.alter-schafstall-basedow.de

Bauer und Müller

Die Reise führt nach Mittelmecklenburg ins Tellower Land. Dort, wo die Recknitz fließt, liegt das Dörfchen, nach der die umgebende Landschaft benannt ist. Anziehungspunkt ist das Thünen-Museum, das dem ungewöhnlichen Landwirt Johann Heinrich von Thünen gewidmet ist. Im vergangenen Jahrhundert lebte und arbeitete er hier. Der Pionier gilt heute als ein Begründer der modernen Volkswirtschaft. Erstaunlicherweise ist er im Ausland weitaus bekannter als hierzulande.

Im klassizistischen Herrenhaus, das heute das Museum Tellows beherbergt, und bei einem Spaziergang durch den großzügigen, malerischen Gutspark, bekommt der Besucher ein Gespür dafür, wie Landwirtschaft anno dazumal funktionierte. Lehrreich und dazu appetitanregend ist das historische Brotbacken im Freilandofen. Wer sich einer Führung durch das »Neubauernhaus« mit seinen bäuerlichen Arbeitsgeräten aus der Hof- und Hauswirtschaft anschließt, wird in der Küche des alten Hauses verwöhnt: mit Waffeln nach Großmutters Rezept, gebacken mit dem alten eisernen Waffeleisen auf dem Kohleherd. Gestärkt lockt eine Kremsertour rund um das Thünen-Dorf Tellow, nach der sich die Gäste im Kornspeicher den frisch gebackenen Kuchen aus dem Freilandbackofen schmecken lassen. Der Gutsmarkt hält eine große Palette regionaler Produkte bereit, die zu Hause an den Besuch in Tellow erinnern.

Gestärkt lockt eine Kremsertour rund um Tellow.

Von hier aus lohnt sich ein Abstecher zur Mühle Altkalen. Die Holländermühle nahe Teterow ist seit 1896 in Familienbesitz. Detlef Preuß ist hier Müller in der vierten Generation. Er versucht sich an dem schwierigen Spagat zwischen traditionellem Handwerk und neuzeitlicher touristischer Vermarktung. Auf dem Mühlenhof Altkalen vermahlt der Windmüller wie zu Großvaters Zeiten regelmäßig Bio-Korn. Wenn der Wind weht, kann man ihm dabei über die Schulter blicken und den herrlichen Geruch frisch gemahlenen Mehles genießen. Oder sich in der rustikalen Kornhalle mit frisch aufgebrühtem, duftendem Kaffee dem einzigartigen Ambiente des Holländers hingeben.

INFO

Tourismusverband
Mecklenburgische Schweiz e.V.
Am Bahnhof
17139 Malchin
Tel. 03994 299781
Fax 03994 299788
info@mecklenburgische-schweiz.com
www.mecklenburgische-schweiz.com

RÖBEL

Schön herausgeputzt

Im Herzen der Mecklenburger Seenplatte schmiegt sich die kleine Stadt Röbel idyllisch ans Südwestufer der Müritz. In der naturnahen wald- und seenreichen Umgebung mit ihren günstigen klimatischen Verhältnissen bietet sich dem Großstadtmenschen ganzjährig ein weites Spektrum an aktiven und passiven Freizeitmöglichkeiten.

Schon sehr früh wurden Menschen an der Müritz sesshaft, aber trotz zweier Städte – Röbel und Waren – an ihren Ufern hat die Müritz ihren natürlichen Charme behalten. Die Siedler waren von den Ausmaßen des Sees so beeindruckt, dass sie ihm den Namen »Morcze« gaben, was soviel bedeutet wie »Kleines Meer«. Den größten Teil des Ostufers hat der Müritz-Nationalpark für sich erobert. Typisch sind ausgedehnte Schilfgebiete, natürliche Bruch- und Kiefernwälder, Moore und viele kleinere Seen. Rund um die Müritz laden denn auch unzählige Radwege ein, die idyllische Natur auf dem Drahtesel zu erkunden.

Prägend für das Röbeler Stadtbild ist der historische Altstadtkern mit seinen liebevoll restaurierten, farbenfrohen Fachwerkhäusern und der unmittelbaren Lage am Wasser. Die Binnenmüritz, mit dem kleinen, bunten Hafen und seiner einmalig schönen Uferpromenade, vermittelt fast schon maritimes Flair. Das Leben hier verläuft in ruhigen Bahnen. Dem Besucher der Stadt recken sich die zwei mächtigen, frühgotischen Backsteinkirchen St. Marien und St. Nicolai entgegen. Dieser im ersten Moment ungewöhnliche Blick hat eine besondere Bewandtnis. Röbel bestand vor der Verleihung des Stadtrechts 1261 aus zwei getrennten Siedlungen, der Altstadt und der Neustadt. Die Altstadt gehörte zum Bistum Schwerin, die Neustadt zu Havelberg. So kam es, dass in jedem der zwei bischöflichen Amtsbereiche jeweils eine Kirche errichtet wurde.

Rund um die Müritz warten unzählige Radwege.

Eine Stippvisite wert ist die historische Mühle am Mönchteich, die seit 2007 wieder in alter Pracht erstrahlt. Sie ist »der Rest« einer mittelalterlichen Burganlage, und ihr Flügelkreuz ist schon von Weitem unübersehbar.

INFO

Stadt Röbel
Marktplatz 1
17207 Röbel/Müritz
Tel. 039931 800
Fax 039931 80111
stadtinfo.roebel@t-online.de
www.m-vp.de

ULRICHSHUSEN

Romantische Wasserburg

Ulrichshusen, das ist auch ein Stück Geschichte der Familie von Maltzahn. 1562 baute »Ulrich« sein »hus«, sein »Ulrichshusen«, auf der Ruine einer Wasserburg zu einem dreiflügeligen, wehrhaften Renaissanceschloss mit Treppenturm und Torgebäude aus. Das romantische Ensemble am gleichnamigen See liegt abseits der großen Fernstraßen im Herzen der Mecklenburgischen Schweiz und ist ein echter Geheimtipp für alle, die in historischem Ambiente vom Alltag Abstand gewinnen möchten.

Umgeben von stillen Seen, sattgrünen Wiesen und unberührter Natur kann man ein herrliches Wochenende (oder mehr) auf dem Landgut verbringen und in wunderschönen, herrschaftlichen Zimmern, die sich im Schloss, im ehemaligen Pferdestall und in der Stallmacherei befinden, residieren.

Das Schloss erlebte eine wechselvolle Geschichte, deren Chronik von vielfacher Zerstörung berichtet – vom Dreißigjährigen Krieg bis zum großen Brand 1987. Nur die festen Mauern sind nach dem letzten Feuer übrig geblieben, die Ruine verfiel zusehends. Bis 1993 Helmuth und Alla von Maltzahn das Gut zurückkauften. In den Folgejahren bauten sie – mit tatkräftiger Unterstützung des ganzen Dorfes – die Burg mit denkmalpflegerischer Umsicht wieder auf. Mit viel Liebe und Engagement wurde die einstige Ruine in ein schönes, stilvoll eingerichtetes Hotel und einen Ort der Künste verwandelt. Hier schlägt das Herz der »Festspiele Mecklenburg-Vorpommern«. Künstler aus aller Welt kann man im Sommer und in der Adventszeit im Schloss und in der Konzertscheune live erleben.

1993 kauften Helmuth und Alla von Maltzahn das Gut zurück.

Eine vielfältige Gutswirtschaft mit ökologischer Rinderhaltung gehört ebenfalls zum Haus. Das liebevoll eingerichtete Restaurant-Café »Am Burggraben« empfängt die Gäste mit Gerichten aus der Region. Im hauseigenen Ofen werden schmackhafte Aale und Forellen nach alten Rezepturen geräuchert. Eine wahre Gaumenfreude ist das traditionelle Mecklenburgische Krebsessen nach Art des Hausherrn.

INFO

Wasserschloss Ulrichshusen
Seestraße 14
17194 Ulrichshusen
Tel. 039953 7900
Fax 039953 79099
info@gut.ulrichshusen.de
www.gut-ulrichshusen.de

NEUSTRELITZ

Auf dem Reißbrett geplant

Das stille Plätzchen zwischen verträumten Seen und weiten Wäldern wählten die Herzöge von Mecklenburg-Neustrelitz, um dort vor 275 Jahren ihre Residenz zu gründen. Noch heute erinnern die einmalige, spätbarocke Stadtanlage rund um Markt, Stadtkirche und romantischen Schlossgarten an fürstliche Zeiten. Neustrelitz am Zierker See ist seither ein bevorzugtes Ziel für naturverbundene wie an Kultur interessierte Gäste.

Ein Bummel durch die denkmalgeschützte Altstadt beginnt am großen, quadratischen Marktplatz, von dem die Straßen sternförmig fliehen. Dominiert wird er vom Turm der Stadtkirche, der im Stil eines toskanischen Campanile erbaut wurde. Kein Besucher sollte lange zögern, die 202 Stufen auf die Aussichtsplattform zu erklimmen. Die Belohnung ist der Mühe wert: Der Ausblick ist fantastisch. Das Rathaus selbst, die ehemalige Mädchenschule, der Fürstenhof und das Rondell bieten sich danach für eine Entdeckungstour an, auf der so manche Überraschung wartet. Sehenswert ist auch der Schlossgarten, eine grüne Oase am Rande der Innenstadt, mit einer barocken Mittelachse, zahlreichen Skulpturen und Brunnen, alten Bäumen und romantischen Spazierwegen. Zu diesem schönen Gartenensemble gehören so wertvolle Bauten wie die neugotische Schlosskirche, die klassizistische Orangerie, der Marstall, der Hebetempel und die Gedächtnishalle für Königin Luise von Preußen. Hier wandelt der Besucher auf den Spuren der populären preußischen Königin – eine geborene Prinzessin zu Mecklenburg-Strelitz.

Die Belohnung ist die Mühe wert: Der Ausblick ist fantastisch.

Nur fünf Minuten entfernt liegt der moderne Stadthafen, Ausgangspunkt für Paddeltouren in das mecklenburgische Seenparadies. Die Seen, Flüsse und Kanäle im Müritz-Nationalpark bieten Kanuwanderern ideale Bedingungen. Aber auch auf Schusters Rappen und mit dem Fahrrad kann man die Neustrelitzer Wald- und Seenvielfalt entdecken und genießen. Die Rad- und Wanderwege führen direkt in den Müritz-Nationalpark und den Naturpark Feldberger Seenlandschaft.

INFO

Touristinformation der Stadt Neustrelitz
Strelitzer Straße 1
17235 Neustrelitz
Tel. 03981 253-119
Fax 03981 2396870
www.neustrelitz.de

BURG STARGARD

Eine Reise ins Mittelalter

Vom Tollensesee bei Neubrandenburg sind es nur vier Kilometer nach Burg Stargard, einem in hügeliger, waldreicher Landschaft wie hineingezauberten Städtchen mit idyllischen, winkeligen Gassen. Die Einwohner vergleichen ihr Zuhause gern mit Rom, denn genau wie die ewige Stadt kann Burg Stargard auf sieben Hügel blicken.

Burg Stargard war einst politischer und strategischer Mittelpunkt Ostmecklenburgs. Herzöge und Heerführer residierten hier, unter anderem der kaiserliche General Tilly im Dreißigjährigen Krieg. Wer es schafft, den Burgturm hinaufzusteigen, kann bei klarem Wetter weit ins Mecklenburger Land sehen – und über üppige Weinreben staunen. Auf Initiative eines »Winzervereins« wird seit einigen Jahren auf Burg Stargard wieder Wein angebaut, wie es, so ist es historisch verbürgt, vor etlichen Jahrhunderten dort schon praktiziert wurde. Zusammen mit den Flächen um Schloss Rattey verfügt Mecklenburg-Vorpommern über genügend Rebflächen für eine offizielle Zulassung der EU als Weinanbauregion. Für Kinder gibt es am Stadtrand eine Sommerrodelbahn, auf der auch Erwachsene viel Spaß haben können.

Endstation der Burgenwanderung ist die Alte Burg Penzlin.

Die mächtige Backsteinburg ist Ausgangspunkt für eine 27 Kilometer lange Wanderung zur Alten Burg Penzlin. Nach einer Stärkung im Burggasthof »Zur Alten Münze« geht es durch den Wald über Ballwitz nach Usadel. Wem nach halber Strecke die Füße wehtun, vergisst die Schmerzen schnell über die Unvergleichlichkeit des Naturschutzgebiets entlang der Lieps, einem kleinen See. Vorbei geht es am Jagdschloss Prillnitz, heute ein Hotel, und am Lustschloss Hohenzieritz mit der Königin-Luise-Gedenkstätte. Weiter geht's durch das Naturschutzgebiet Rosenholz mit seinen Quellmooren. Endstation der Burgenwanderung ist die Alte Burg Penzlin, heute Museum für Magie und Hexenverfolgungen in Mecklenburg. Sehenswert sind die unterirdischen Hexenverliese, die mittelalterliche Schwarzküche sowie der Rittersaal, der unerschrockenen Brautleuten als Standesamt dient.

INFO

Tourist-Information Burg Stargard
Am Markt 3, 17094 Burg Stargard
Tel. 039603 20895
www.stargarder-land.de

Tourist Information Penzlin
Große Straße 4, 17217 Penzlin
Tel. 03962 210064
www.penzlin.de

PEENE

Amazonas des Nordens

Die ruhige Peene, der letzte unverbaute Fluss Deutschlands, durchfließt einen Teil des größten geschlossenen Niedermoorgebietes Mitteleuropas. Orchideen und Trollblumen, Fischadler, Eisvögel und Biber haben hier ein Zuhause. Die Kraniche ziehen regelmäßig im Frühjahr und im Herbst über das Land hinweg und machen hier Rast, um dann zu ihren Brut- oder Winterquartieren weiterzufliegen. Unter Wasserwanderern und Badenixen ist die Landschaft an der Peene überaus beliebt.

Die einmalige Natur lässt sich am besten mit dem Boot erkunden, denn weite Teile des Flusses sind schiffbar. Vom Malchiner See über den Dahmer Kanal, Kummerower See bis nach Anklam, wo die Peene in den nach ihr benannten Peenestrom mündet, gleitet man stromabwärts, umgeben von – Stille. Nur ab zu ein Schwan oder ein Seeadler, der seine Kreise zieht. Wer Glück hat, sieht einen Biber durch den Fluss schwimmen. Vorbei an der alten Hansestadt Demmin, locken immer wieder die vielen Seitenarme mit ihren Seerosenteppichen, Schilfufern und Wasservögeln. Sumpf und Wiesen, soweit das Auge reicht. An Gützkow vorbei, kommt man dem Wasserwanderplatz Stolpe näher, dem letzten Halt vor der Fahrt in den Peenestrom. Der Landgang ist ein Muss. Denn im stimmungsvollen Ambiente des über 300 Jahre alten, denkmalgeschützen Fährkruges kommen bodenständige Spezialitäten aus Mecklenburg-Vorpommern auf den Tisch, wie sie wohl auch schon Fritz Reuter dort genießen konnte, auf dessen Stammplatz heute noch hingewiesen wird. Ob »Meckelbörger Keessupp mit Poree«, »Knorsperiche Pommersche Arpelkül uten Ruhr mit Apelrodkohl« oder »Botterstull mit Hiering un Zipollschieben«. Und im nebenan liegenden Gutshaus Stolpe lässt sich fürstlich nächtigen und auch fein speisen. Gestärkt kann man der ehemaligen Hansestadt und Geburtsstadt des Flugpioniers Otto Lilienthal Anklam noch einen Besuch abstatten. Das Tor zur Sonneninsel Usedom ist durch seine Nähe zum Meer mit seinen Stränden, den Ostseebädern und -inseln ein attraktives Ausflugsziel.

Im urwüchsigen Naturparadies ist die Zivilisation weit weg.

INFO

Stolper Fährkrug
Peenestraße 33
17391 Stolpe bei Anklam
Tel. 03972 1550-0
info@gutshaus-stolpe.de
www.gutshaus-stolpe.de

Anklam-Information
Markt 3, 17389 Anklam
Tel. 03971 835154

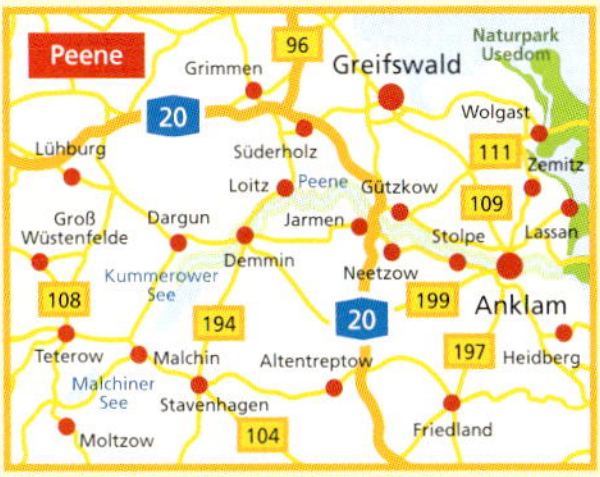

AHLBECK

Ort der Sommerfrische

Seit über 100 Jahren trotzt die auf Pfählen ruhende Ahlbecker Seebrücke Wind und Wetter. Auch den Ansturm unzähliger Gäste hat sie unbeschadet überstanden. Sie gilt zu Recht als das Wahrzeichen des Seebads, dessen Anziehungskraft auf Urlauber seit Mitte des 19. Jahrhunderts ungebrochen ist. Damals promenierten hier vor allem Adlige, Künstler und das wohlhabende Bürgertum.

Die aus dem Loriot-Film »Pappa ante portas« bekannte Seebrücke ist das weithin sichtbare Symbol für den Badebetrieb im Seebad. »Man hat Ruhe und frische Luft und diese beiden Dinge wirken wie Wunder und erfüllen Nerven, Blut, Lungen mit einer stillen Wonne«, schrieb Theodor Fontane 1863 an seine Frau. Die gute alte Zeit, in der Preußens Majestäten sowie andere illustre Gäste zur Sommerfrische in Usedoms berühmtem Seebadtrio Ahlbeck, Heringsdorf und Bansin weilten, ist längst vorbei. Doch ihr Glanz ist geblieben. Bei einem Spaziergang entlang der Ahlbecker Promenade mit den herrschaftlichen Villen im Stil der »Bäderarchitektur« wird der Geist einer verblassten Ära wieder lebendig. Türmchen, Risalite, Erker, Pilaster, Säulen und Balustraden versprühen das Flair der Jahrhundertwende. Wer mag, kann vor den historischen Kulissen des Ortes das pulsierende Strandleben genießen: Segler und Surfer spielen mit Wind und Wellen, Kinder bauen Burgen oder lassen Drachen steigen ... Der weiße, feine Sandstrand erstreckt sich auf über 40 Kilometern Länge. Manchmal ist er bis zu 70 Meter breit.

Türmchen, Erker, Pilaster und Balustraden – so weit das Auge reicht.

Ahlbeck ist nicht nur einer der schönsten und elegantesten Ferienorte auf der Insel Usedom, sondern auch das östlichste Seebad Deutschlands: Ohne große Mühe lässt sich zu Fuß das polnische Swinemünde erreichen. Direkt hinter der Grenze erwartet den Gast hier ein besonderes Treiben, der so genannte Polenmarkt, der sich mittlerweile zu einem beliebten Ausflugsziel in der Region entwickelt hat. An den zahlreichen Straßenständen darf man auf so manches Schnäppchen hoffen.

INFO

Kurverwaltung Seebad Ahlbeck
Dünenstraße 45
17419 Seebad Ahlbeck
Tel. 038378 24497
info@drei-kaiserbaeder.de
www.drei-kaiserbaeder.de

Der »Rasende Roland«

Ein drei Kilometer breiter Meeresarm trennt Rügen vom Festland. Steile Hochufer, kilometerlange, weiße Sandstrände, Feuersteinwälle, schattige Wälder und verträumte Buchten: Rügen ist nicht nur Deutschlands größte, sondern wie Kenner meinen, auch schönste Insel.

Die uralten Bäume im Park und die schneeweißen Villen der Stadt Putbus strahlen mediterranen Charme aus. Die einzigartige Kombination aus Architektur und Landschaft hat ihr faszinierendes Ambiente Fürst Wilhelm Malte zu verdanken, der seine Inspirationen in Italien und England fand. Als Freund der Musen verwandelte er seine Residenz in eine »Spielwiese« für Könige, Kanzler, und Künstler. Vom etwas höher gelegenen Waldgebiet Goor bietet sich ein märchenhafter Blick auf den Rügischen Bodden. Mit dem Ausflugsschiff MS »Julchen« können die Passagiere zum Naturparadies auf der Insel Vilm schippern. Nur 30 Besucher dürfen hier pro Tag an Land gehen und bei der geführten Wanderung in rund zweieinhalb Stunden ein Stück vom Paradies erleben.

Mit MS »Julchen« kann man zum Naturparadies der Insel Vilm schippern.

Wildromantisch ist die Fahrt mit der Rügenschen Kleinbahn, liebevoll »Rasender Roland« genannt. Seit ihrer feierlichen Inbetriebnahme vor mehr als 100 Jahren dampft die historische Schmalspurbahn durch die zauberhafte Landschaft im Südosten der Insel. Seinem Namen macht der »Rasende Roland« dabei keine Ehre – unter vollem Dampf schnauft er mit Tempo 30 von Putbus aus los. Von Binz, dem ehemaligen Fischerdorf Aahlbeck, schlängelt sich der Zug um die Höhen der Granitz herum und hält dann unweit des Jagdschlosses, das gut sichtbar auf dem Tempelberg thront. Durch einen der größten Buchenforste des Nordens zuckelt die Bahn ihrem nächsten Halt entgegen, Garfitz. Von dort geht's gemütlich weiter nach Sellin, in dessen historischem Empfangsgebäude die Zeit stehen geblieben zu sein scheint. Über Baabe und Philippshagen wird die Endstation, das Ostseebad Göhren, erreicht. Auch hier überrascht der lebendig gebliebene Charme aus Kaisers Zeiten.

INFO

Tourismuszentrale Rügen GmbH
Bahnhofstr. 15
18528 Bergen auf Rügen
Tel. 03838 807780
Fax 03838 254440
info@ruegen.de
www.ruegen.de

KREIDEFELSEN

Majestätische Felsen

Tierschalen und Kalkplättchen türmten sich vor rund 70 Millionen Jahren zu einer bis zu 500 Meter dicken Kalkschicht auf. Unzählige Muscheln, Seeigel, Kalkalgen und andere Meeresbewohner trugen dazu bei, dass Rügen in seiner heutigen Form entstehen konnte. Heute liegt der Kalk tief unter Geröll und Sand der letzten Eiszeit vergraben, bis zu 40 Meter unter der Inseloberfläche. Nur an einer Stelle kommt er zum Vorschein – an den Kreidefelsen im Norden von Rügen.

Die bizarren Felsformationen im Nationalpark Jasmund sind unverwechselbare Wahrzeichen und werden von jedem Inselbesucher bestaunt. Schon der Landschaftsmaler Caspar David Friedrich ließ sich vor 200 Jahren von der majestätischen Erhabenheit der Kliffküste inspirieren. Der bekannteste Kreidefelsen ist der 118 Meter hohe Königsstuhl, ein Felsvorsprung, der sich in zehn Kilometern Entfernung von Sassnitz erhebt. Den idealen Blick auf den Königsstuhl hat man von der nahe liegenden Balustrade der Viktoria-Sicht oder vom steinigen Ostufer aus, das tief unter dem Naturdenkmal liegt und über rund 500 Stufen Abstieg erreicht werden kann. Deutschlands größte Insel wartet ansonsten mit einer vielfältigen Insellandschaft auf. Sie wurde von Eiszeitgletschern angelegt und von Ostseewellen geformt. So entstand ein buntes Mosaik aus exponierten Steilküsten mit gewaltigen Kliffs und feinsten Sandstränden. Die von üppigen Buchenwäldern gekrönten Kreidefelsen am Meer sind jedoch Highlight im kleinsten deutschen Nationalpark.

Den idealen Blick auf den Königsstuhl hat man vom Ostufer aus.

Der Wald beherbergt viele Moore, stille Quellen, plätschernde Bäche, rauschende Wasserfälle und mit Burgwällen, Schälchensteinen, Hügel- und Megalithgräbern zahlreiche Zeugnisse der ur- und frühgeschichtlichen Besiedlung. Das Informationszentrum am Naturdenkmal Königsstuhl lockt täglich Tausende von Menschen an. In einer großen Audio-Guide-Ausstellung sowie einer Multivisionsshow können sich Besucher auf eine spannende Reise in die Geheimnisse des Nationalparks Jasmund begeben.

INFO

Nationalpark Jasmund
Tel. 038392 661766
info@koenigsstuhl.com
www.koenigsstuhl.com

NATURLANDSCHAFT HIDDENSEE

Oase für Ruhesuchende

Von den Einheimischen liebevoll »dat söte Länneken« (das süße Ländchen) genannt, liegt die Ostseeinsel Hiddensee wie ein Wellenbrecher vor Rügen und bekommt so die Naturgewalten noch stärker zu spüren. Das Künstlerparadies, das zum Nationalpark Vorpommersche Boddenlandschaft gehört, ist über Stralsund oder Schaprode zu erreichen.

Kein Motorenlärm stört die Ruhe, keine Abgase verpesten die Luft. Hier gibt es nur Fußgänger, Fahrräder und Pferde, die im Sommer die Wagen und im Winter die Schlitten ziehen. Vieles ist ursprünglich geblieben: Discos, riesige Hotels oder lange Kurpromenaden sucht man hier vergebens. Bevor 1880 die ersten Feriengäste auftauchten, lebten die Bewohner hauptsächlich von Fischerei und Landwirtschaft. Die Mischung aus äußerst reizvoller Landschaft und fast meditativer Ruhe lockte jedoch schon bald – und das hat sich bis heute nicht geändert – feinfühlige Reisende an, darunter Schriftsteller, Dichter, Poeten, Maler und Schauspieler, die nach Ende des Ersten Weltkrieges Hiddensees Ruf als Künstlerinsel begründeten. Im Sommer 1885 besuchte Gerhart Hauptmann zum ersten Mal die unberührte Insel, die ihn zeitlebens immer wieder für Wochen und Monate festhielt und ihm nach 61 Jahren schließlich zur letzten Ruhestätte wurde. Im Winter 1929 erwarb der Schriftsteller das Haus »Seedorn« und ließ es um ein gewaltiges Arbeitszimmer erweitern. Heute birgt es so manches Erinnerungsstück an den großen Deutschen und sein Werk.

Dichter und Maler begründeten Hiddensees Ruf als Künstlerinsel.

Jedes der Inseldörfer – Grieben, Kloster, Neuendorf und Vitte – hat seinen besonderen Charakter. Grieben mit seinen weiß getünchten Reetdachhäusern und den ungepflasterten Wegen, Kloster, in dem sich einst Zisterzienser niederließen, Neuendorf ganz im Süden, das komplett unter Denkmalschutz steht und Vitte, der Sitz der Obrigkeit Hiddensees: verzauberte Kleinode auf einem abgelegenen Streifen der Erde. Wer Glück hat, findet, besonders nach einem starken Nordweststurm, am Strand einen Bernstein.

INFO

Insel-Information Hiddensee
Norderende 162
18565 Vitte
Tel. 038300 64226
Fax 038300 64225
www.seebad-hiddensee.de

PREROW

Urwüchsiger Darßwald

Einem einfallsreichen Gastwirt ist es zu verdanken, dass man im ehemaligen Fischerdorf Prerow heute auf eine mehr als 100-jährige Bädertradition zurückblicken kann. Die Einmaligkeit der Halbinselkette Fischland-Darß-Zingst hat im Laufe der Jahre nichts von ihrer großen Anziehungskraft eingebüßt. Im Gegenteil: Die Landschaft inmitten des Nationalparks Vorpommersche Boddenlandschaft nimmt den Besucher sofort gefangen.

Völlig gegensätzliche Lebensräume prallen hier auf engstem Raum aufeinander: weite, weiße, steinlose Sandstrände in der Prerower Bucht – sie gelten als die schönsten der Ostseeküste –, dichte, rauschende Wälder, die im wildromantischen Weststrand versanden und sonnendurchflutete, duftende Wiesen im Ostseebad und entlang des Boddens, mit Schilf gedeckte Häuser mit Darßer Türen, von Seeleuten geschnitzt und reich verziert. Die aufwendig gestalteten Haustüren zeugen vom Reichtum der Schiffsoffiziere und Kapitäne. Heute setzen Dirk und Reneé Roloff die Tradition des 1832 gegründeten Familienbetriebs fort, bauen und restaurieren die Türen mit alter Handwerkskunst und den Werkzeugen ihrer Vorväter.

Beliebtes Ausflugsziel ist der alte Leuchtturm.

Bei den Darßgästen besonders beliebt ist die Seebrücke, die 394 Meter in die Bucht hineinragt. Eine kleine Flaniermeile beginnt am Fuß der Brücke – sie führt in Richtung Ortszentrum. Durch den urwüchsigen Darßwald mit seinen vom Wind gebeugten Bäumen, den Windflüchtern, gelangt man zu Fuß, auf dem Drahtesel oder mit der Pferdekutsche zur Nordspitze. Oder mit der Darß-Bahn: Die »dicke Nele« und die »lustige Anna« fahren im Zeitlupentempo vom Prerower Hafen über vier weitere Haltestellen bis zum Darßer Ort und wieder zurück. Beliebtes Ausflugsziel ist der alte Leuchtturm, das älteste aktive Leuchtfeuer Mecklenburg-Vorpommerns. Es lohnt sich, die 126 Stufen zu erklimmen. Die Rundumsicht auf den Weststrand, den Darßer Ort und den Darßwald ist einzigartig. Bei klarem Wetter sind sogar Warnemünde, Hiddensee, das dänische Gedser und die berühmten Kreidefelsen der dänischen Insel Mön zu sehen.

INFO

Kur- und Tourismusbetrieb
des Ostseebades Prerow
Gemeindeplatz 1
18375 Prerow
Tel. 038233 6100
Fax 038233 61020
www.ostseebad-prerow.de

Wasserbüffel statt Kühe

Die mit Rohr umsäumten Buchten des Boddens, die weiten Wiesen, der urwüchsige, bis dicht an die See heranreichende Darßwald, ein schier endloser Himmel und der weite, naturbelassene Weststrand betten Born auf dem Darß in eine abwechslungsreiche, reizvolle Landschaft. Schon zu Kaisers Zeiten reisten Städter zur Sommerfrische hierher – in das »schönste aller Boddendörfer« am Saaler Bodden. Daran hat sich bis heute nichts geändert.

Wer durch das ehemalige Fischer- und Seefahrerdorf schlendert, wird von der Ursprünglichkeit des Ortes, der an bewährten Traditionen festhält, gefangen genommen. Die rohrgedeckten Häuser, die schmucken Giebel und eine alte Holzkirche inmitten von satten Wiesen und leuchtendblauem Wasser blasen jegliche Hektik aus den Köpfen. Umso mehr wundern sich die Strandspaziergänger über die merkwürdigen Tiere, die auf den feuchten Wiesen am Bodden grasen. Eine kleine Herde Wasserbüffel ist hier neuerdings zu Hause. An Wasser gewöhnt und resistent gegen die üblichen Parasiten passen sie hervorragend in die Region, sind ideale Landschaftspfleger und liefern ein schmackhaftes Fleisch. Ermutigt durch den Erfolg mit den exotischen Büffeln, hält das Gut Darß, ansonsten auf extensive Rinderhaltung im ganz großen Stil spezialisiert, neuerdings auch Burenziegen, deren Fleisch das umfangreiche Bio-Angebot im Hofladen von Born abrundet. Die meisten Nachkommen dieser in Deutschland noch seltenen Fleischziegen verkauft das Gut Darß allerdings als Zuchttiere an andere Höfe.

Born ist ein idealer Ausgangspunkt für Wanderungen.

Durch seine Lage ist Born ein idealer Ausgangspunkt für Wanderungen, Radtouren oder Kremserfahrten im Darßwald. Wenn man diesen Wald durchquert hat, gelangt man an die urwüchsige Ostseeküste. Viel zur Geschichte des Waldes kann man im Borner Forst- und Jagdmuseum erfahren. Mit der Jagd ist Born seit jeher besonders verbunden gewesen. Man vermutet, dass einst ein Jagdhaus der Pommernherzöge den Ort begründet hat.

INFO

Kur- und Tourist GmbH Darß
Chausseestraße 75
18375 Born a. Darß
Tel. 038234 50421
Fax 038234 50431
info@darss.org
www.darss.org

»Molli« hat keine Eile

Bad Doberan finden wir zwischen Rostock und Wismar, am Nordostrand der Kühlung, einer Stauchmoräne mit größeren Wäldern. Der Sage nach soll der Name Doberan entstanden sein, als hier noch das Kloster der Zisterzienser stand: Ein vorbeiziehender Hirsch hätte mehrere Schwäne aufgeschreckt, die vor Angst »dobre, dobre« kreischten. Davon abgeleitet, hätten die Mönche den Ort Doberan genannt. Bis heute zieren Hirsch und Schwan das Wappen der Stadt.

Durch die Straßen von Bad Doberan dampft seit über 100 Jahren die »Molli« genannte Kleinbahn auf ihrem Weg über Heiligendamm nach Kühlungsborn. Auf einer Strecke von gut 15 Kilometern geht es schnaufend und bimmelnd durch enge Straßen, vorbei an Wiesen und Feldern: Höchstgeschwindigkeit 50 Stundenkilometer. Die dampfbetriebene

Schmalspurbahn erreicht nach sechseinhalb Kilometern die »weiße Stadt am Meer«. Die Zeit scheint in Heiligendamm stehen geblieben zu sein – ein perfektes klassizistisches Häuserensemble erwartet den Besucher. Die Inschrift »Frohsinn erwartet dich hier, entsteigst du gesundet dem Bade« am Giebel des von Baumeister Severin errichteten Kurhauses wurde zum Leitspruch für das Leben im mondänen Badeort. »Molli« dampft weiter nach Kühlungsborn an der Mecklenburger Bucht, vorbei am Haltepunkt Steilküste-Wittenbek. Vor hier aus sind es noch 400 Meter bis zum FKK-Strand. Die ersten Häuser des Ostseebads Kühlungsborn tauchen auf.

»Frohsinn erwartet dich hier, entsteigst du gesundet dem Bade!«

Charakteristisch für das Seebad, das zu DDR-Zeiten Massenquartier für bis zu 130 000 Gewerkschaftsurlauber pro Jahr war, sind die im Stil der Bäderarchitektur entstandenen Pensionen und Villen. Die »gute, alte Zeit« wird wieder lebendig – auch in der Erlebnisgaststätte »Mollis Lo(c)kschuppen«. Im nachempfundenen Innenraum eines Reisezugwagens fallen sofort die mit rotem Leder bezogenen Bahnabteile und Gepäcknetze ins Auge, und am originell im Dampflok-Design gestalteten Tresen mit »Führerstand« kann man sich einen Drink genehmigen.

INFO

Mecklenburgische Bäderbahn Molli GmbH
Am Bahnhof
18209 Bad Doberan
Tel. 038203 4150
Fax 038203 41512
info.hdm@molli-bahn.de
www.molli-bahn.de

Im Gespensterwald

Das idyllische Ostseebad Nienhagen zwischen Warnemünde und Heiligendamm hat sich die Ruhe und Gelassenheit vergangener Jahrhunderte bewahrt. Viele Urlauber kommen wegen des herrlich feinen, drei Kilometer langen Sandstrands, der sie durch die Steilküste vom lebhaften Treiben des Urlaubsortes abschirmt, jedes Jahr wieder hierher. Vor allem Familien mit Kindern schwören auf den flach ins Wasser der Ostsee abfallenden Strand, der auch für die Kleinsten kaum Hindernisse bietet.

Mit der Gelassenheit ist es schlagartig vorbei, wenn man in der Dämmerung im geheimnisvollen Gespensterwald, der sich mit seinen bizarren Bäumen an der Steilküste erhebt, spazieren geht. Hexen und Naturgeister sollen hier ihr Unwesen treiben und schon so manchen Schriftsteller und Maler zu Gruselwerken inspiriert haben. Viele Mythen ranken sich um den 180 Hektar großen Märchenwald mit seinen charakteristischen, windschiefen Bäumen, die nur in der Krone belaubt sind. Schaurig wirken die von Wind und Meeresbrise verformten Bäume schon, wenn der Wind peitscht oder Nebel zwischen den knorrigen Stämmen aufsteigt. Mal sieht man ein Elfengesicht, dann wieder hört man das Lachen eines Trolls – Gänsehaut macht sich breit…

Viele Mythen ranken sich um den 180 Hektar großen Märchenwald.

»Wo der Wind das Gras mäht«, sagen die Einheimischen, wenn sie von diesem magischen Ort sprechen: Weil die gebogenen Gräser des Waldes permanentem Seewind ausgesetzt sind, scheinen sie immer gleich lang zu bleiben. Zu den pittoresken Verformungen der Landbäume kam es im Laufe vieler Jahre durch die salzhaltige, feuchte Seeluft und den Wind. Die Baumbestände bestehen aus bis zu 170 Jahre alten Eichen, Buchen, Hainbuchen und Eschen und schenken dem Gast heute wunderbare Ausblicke übers weite Meer zwischen den Bäumen hindurch. Der geheimnisvolle Gespensterwald und die darunter abfallende Küste stehen unter Naturschutz. Durch dieses verwunschene Waldgebiet zieht sich der vielfach ausgezeichnete, an der Ostseeküste verlaufende »Europäische Rad- und Wanderweg«.

INFO

Kurverwaltung Nienhagen
Strandstraße 16
18211 Ostseebad Nienhagen
Tel. 038203 81163
Fax 038203 747562
info@ostseebad-nienhagen.de
www.ostseebad-nienhagen.de

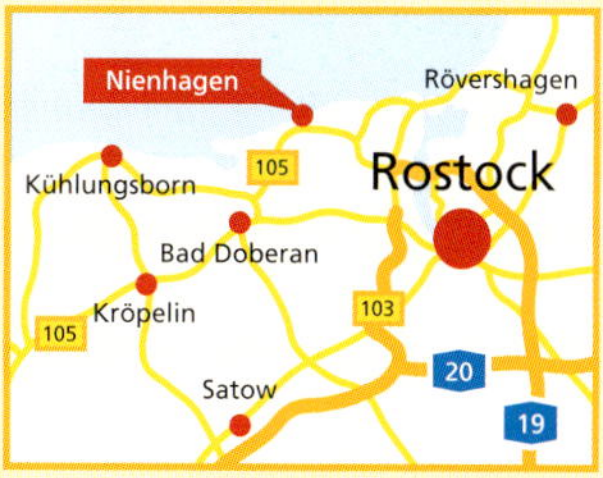

ROSTOCK

Ein Stück vom Paradies

Seine große Blüte hatte Rostock, das immer von Schifffahrt und Handel lebte, im Spätmittelalter, als es eine der bedeutendsten Hansestädte im Ostseeraum war. Der Ostsee hat Rostock seine Bedeutung zu verdanken, der Warnow seinen Namen. »Roztoc« ist slawisch, heißt »Auseinanderfließen« und weist auf den breiten Flusslauf der Warnow zwischen Stadthafen und Warnemünde hin. Die Segelschiffe finden hier noch heute einen wetterfesten Hafen mit nur kurzer Anfahrt zur offenen See.

Giebelhäuser unterschiedlicher Epochen und machtvolle Kirchen künden im Stadtzentrum vom Reichtum der Kaufleute im Mittelalter. Die Besucher werden schon aus der Ferne durch den hohen Turm von St. Petri begrüßt. Einst Landmarke für die Seefahrt, hat er wechselvolle Zeiten erdulden müssen. Die Kirche St. Marien am Neuen Markt ist ein Juwel der Hansestadt. Nur wenige Schritte entfernt das Rathaus mit seinen sieben Türmen und dem barocken Laubenvorbau.

Mit dem Seebad Warnemünde, 1323 noch ein kleines Fischerdorf, kauften die Rostocker schon im frühen Mittelalter ein Stück vom Paradies. Die kleinen Fischer- und Kapitänshäuser am Alten Strom, die prächtigen Villen an der Strandpromenade, der 100-jährige Leuchtturm am Fuße der Westmole und die Kräne der Werft gehören heute ebenso zu Warnemünde wie der Geruch vom frisch geräucherten Fang der Fischer. Heute zählt Rostocks Passagierhafen Warnemünde zu den beliebtesten deutschen Häfen für die Riesen der Meere. Östlich der Warnow breitet sich mit der großen Rostocker Heide ein großes Waldgebiet aus. Mittendrin der Forst- und Köhlerhof Wiethagen mit seinem funktionstüchtigen, historischen Teerschwelofen, der sich zu einem Besuchermagnet gemausert hat. Der typische Geruch des Holzteeres und der harzige Geruch der Kiefernwälder liegen in der Luft. Auf die jüngsten Besucher wartet ein Märchenwald, auf die Erwachsenen ein Skulpturenpfad mit Holzplastiken aus der Sagenwelt. Im Steinbackofen schmort derweil schon die leckere Köhlerpfanne …

Der typische Geruch des Holzteeres liegt in der Luft.

INFO

Tourist-Information Rostock
Neuer Markt 3, 18055 Rostock
Tel. 0381381 2222
www.rostock.de

Forst- und Köhlerhof Wiethagen
18182 Rostock-Wiethagen
Tel. 038202 2035
www.koehlerhof-wiethagen.de

Leinen los!

Eine Traumreise unter weißen Segeln. Auch für Landratten ist der Törn auf dem Segelschulschiff »Greif«, das in der Wieker Bucht bei Stralsund vor Anker liegt, ein maritimes Highlight. Jugendliche und Erwachsene werden dabei von einer erfahrenen Stammbesatzung und einem routinierten Kapitän, einem echten Profi, unterstützt.

Schon gleich hinter der Brücke am Hafen grüßt der Alte Fährmann, eine der vielen Skulpturen im Fischerort Wieck, die beidseitig der begradigten Flussmündung aufgestellt sind. Hier liegt der legendäre, 1951 in Dienst gestellte Traditionssegler »Greif«, der 1991 einen völlig neuen Innenausbau erhielt. Jahrzehntelang war der Segler Ausbildungsschiff der Volksmarine, heute darf, dank eines Fördervereins, jeder auf dem schnittigen Schiff mitsegeln. Wer die Welt der traditionellen Seefahrt kennenlernen möchte, kann sie an Bord der Schonerbrigg hautnah erleben – als Passagier auf Tagestouren oder auch aktiv bei längeren Törns. Erfahrung im Segeln wird nicht erwartet, wohl aber Teambereitschaft. Auf den meist dreitägigen Touren auf den Wellen der Ostsee müssen alle mit anpacken: Segel setzen, Wache halten, Dienst in der Backschaft, das ist die Küche, schieben, die Schiffsglocke läuten, Ausguck übernehmen, in der Takelage herumklettern und vieles mehr. Geschlafen wird in Zweibettkammern oder in gemütlichen Pullmann-Kojen. Ein spannendes Erlebnis für alle Seeleute und solche, die es werden wollen.

Nach dem Abenteuer auf See lohnt sich ein Abstecher in die historischen Gemäuer der Hansestadt Greifswald. Neben prächtigen Backsteingiebelbauten rund um den Markt, der guten Stube Greifswalds, und dem herrlichen Wanderweg entlang der ehemaligen Wallanlagen ist vor allem der Museumshafen am Fangenturm beliebter Anziehungspunkt. Hier im alten Stadthafen haben Traditionsschiffe ihre Heimat gefunden. Die historischen, noch seetüchtigen Schiffe wurden sorgfältig restauriert und bilden heute ein mobiles Museum. Ein krönender Abschluss des maritimen Abenteuers!

Im alten Stadthafen haben Traditionsschiffe ihre Heimat gefunden.

INFO

Rathaus Greifswald
17489 Greifswald
Tel. 03834 521-0
www.greifswald.de

Eigenbetrieb See- und Tauchsportzentrum Greifswald, Frau Kummer
Yachtweg 3, 17493 Greifswald
Tel. 03834 841424
www.sssgreif.de

WISMAR

Choräle grüßen den Gast

Eine Stadt, in der man sich auf Anhieb wohlfühlt: In der ehemals bedeutenden Hansestadt Wismar künden noch zahlreiche Baudenkmäler von der einstigen Macht und dem Wohlstand im Spätmittelalter. Die historische Altstadt, von den Bomben des Zweiten Weltkriegs glimpflich verschont, wurde 2002 von der UNESCO zum Weltkulturerbe erklärt.

Überragt wird das prachtvolle, historische Altstadtensemble von dem 81 Meter hohen, als nautischer Fixpunkt in den Seekarten eingetragenen Turm der Marienkirche, deren Glocken jeden Tag um 7, 12, 17 und 19 Uhr einen von 20 Chorälen erklingen lassen. Der Marktplatz ist der größte in Mecklenburg-Vorpommern – in seiner Mitte der 400 Jahre alte Pavillon, der zusammen mit dem Kirchturm Wahrzeichen der Stadt ist. Das Rathaus an der Nordseite, der »Alte Schwede« an der Ostseite, Wismars ältestes Bürgerhaus, oder das Reuterhaus daneben – sie alle künden vom ehemaligen Stolz und Reichtum der Hansestadt. Ein Tipp ist die Gaststätte »Zum Weinberg« gleich hinter dem Rathaus. Das 1355 errichtete Gemäuer wird seit über 350 Jahren als Weinhandlung genutzt. Unter der bemalten Decke der Diele schmeckt das »Mecklenburger Abendbrot« nach hanseatischer Tradition noch einmal so gut.

Der hanseatischen Brise kann sich der Besucher auch am alten Hafen nicht entziehen. Hier bauten Männer in alter Bootsbautradition die mittelalterliche Poeler Kogge nach. Als Grundlage diente ein Wrack, das 1997 in der Wismarbucht vor Timmendorf entdeckt wurde. Über 16000 handgeschmiedete Edelstahlnägel halten die »Wissemara« zusammen, die als Museumsschiff im Hafen von Wismar liegt und im Rahmen von maritimen Höhepunkten als »Kultureller Botschafter zur See« unterwegs ist. Die seetüchtige Kogge lässt sich für Tagesfahrten oder Segeltörns buchen. Wer schon beim Anblick seekrank wird, möchte seinen Magen vielleicht im »Gewölbe« direkt am Hafen mit einem Gläschen Sekt beruhigen. In den Kellerräumen mit meterdicken Mauern reift nämlich ein Spitzensekt heran.

Am Markt fühlt man sich in alte Hansezeiten zurückversetzt.

INFO

Tourist-Information Wismar
Am Markt 11, 23966 Wismar
Tel. 03841 19433
www.wismar.de

Förderverein Poeler Kogge e.V.
Lübsche Str. 95, 23966 Wismar
Tel. 03841 227249
www.poeler-kogge.de

POEL

Auszeit für die Seele

Vor 250 Jahren holten sich die Menschen ihre Insel wieder zurück, die sich 7000 Jahre zuvor vom Festland abgetrennt hatte: An der seichtesten Stelle des Meeresarms Breitling wurde 1760 ein Damm aufgeschüttet. Seither geht es trockenen Fußes nach Poel – die streng genommen keine Insel mehr ist, aber eine erholsame Idylle vor den Toren der Stadt Wismar.

Stille, reine Natur, frische Seeluft, weiche, feine Strände, frisches Salzwasser, flaches Grundmoränenland: Weit muss man nicht fahren, um fernab jeder Menschenströme aufzutanken und den Alltag hinter sich zu lassen. Ein Stopp im Hauptort Kirchdorf ist ein Ausflug in die Geschichte der Insel. Die Wallanlagen, einst Bollwerk gegen die Invasoren, sind heute Aussichtsplattformen für einen herrlichen Blick auf den kleinen Hafen mit seinen Jachten, die in der Dünung schaukeln. Spaziergänger und Radfahrer finden von Kirchdorf aus lohnende Ziele in der Nordwest- und Nordostecke der Insel. Dort, bei Timmendorf, stehen der schlanke Leuchtturm als Wegweiser für die Hafeneinfahrt in Wismar sowie die Lotsen- und Rettungsstation.

An der Nordspitze der Insel liegt die Vogelschutzinsel Langenwerder.

Berühmt ist die Insel vor allem für ihre Rapszucht, die der Poeler Bauernsohn Hans Lembke vor über 100 Jahren in Malchow begründete. Das bis heute erfolgreiche Zuchtunternehmen arbeitet ständig an der Entwicklung neuer Sorten für den internationalen Markt. Wenig weiter liegt Gollwitz, der nördlichste Ort der Insel. Von hier aus kann man zur vorgelagerten Vogelschutzinsel Langenwerder blicken, die nur von Vogelschützern betreten werden darf.

Zehntausende von Vögeln brüten dort jedes Jahr und viele nutzen Langenwerder als Rastplatz auf ihren langen Reisen. Auf der Insel leben Sturmmöwen, Lachmöwen, Silbermöwen, Küstenseeschwalben, Austernfischer, Höckerschwäne und viele andere Wasser- und Wattvogelarten. Die Vogelwärter von Langenwerder bieten regelmäßig vogelkundliche Wanderungen am Strand von Gollwitz an.

INFO

Kurverwaltung Ostseebad Insel Poel
Wismarscher Straße 2
23999 Ostseebad Insel Poel/ Kirchdorf
Tel. 038425 20347
Fax 038425 4043
www.insel-poel.de

Adressenregister

Ahlbeck
Kurverwaltung Seebad Ahlbeck
Dünenstraße 45
17419 Seebad Ahlbeck
Tel. 038378 24497
info@drei-kaiserbaeder.de
www.drei-kaiserbaeder.de

Altenmedingen
Hof Rose
Meierhof Altenmedingen
Niendorfer Weg 12
29575 Altenmedingen/
Bad Bevensen
Tel. 05807 98960
Fax 05807 9896-125
info@hofrose.de
www.hofrose.de

Arnis
Touristinformation
der Stadt Arnis
Langstraße 27
24399 Arnis
Tel. 04642 1559
www.arnis.de

Badbergen
Samtgemeinde Artland
Markt 1
49610 Quakenbrück
Tel. 05431 182-0
Fax 05431 182-127
info@artland.de
www.artland.de

Bad Bentheim
Touristinformation
Bad Bentheim
Schlossstr. 18
48455 Bad Bentheim
Tel. 05922 98330
Fax 05922 983320
info@badbentheim.de
www.badbentheim.de

Bad Bevensen
TreeTrek Gmbh
Valeria Nicola Haase
Alter Mühlenweg 1b
29549 Bad Bevensen
Tel. 05821 992699
Fax 05821 992690
nicola.haase@treetrec.de
www.treetrek.de

Bad Doberan
Mecklenburgische Bäderbahn
Molli GmbH
Am Bahnhof
18209 Bad Doberan
Tel. 038203 4150
Fax 038203 41512
info.hdm@molli-bahn.de
www.molli-bahn.de

Bad Harzburg
Waldgaststätte Rabenklippe
38667 Bad Harzburg
Tel. 05322 2855
www.rabenklippe.de

Nationalpark Harz, Haus der Natur
Nordhäuser Str. 2 b
38667 Bad Harzburg
Tel. 05322 784337
www.nationalpark-harz.de

Bad Malente
Touristik- und Kneippverein
Bad Malente
Bahnhofstr. 3
23714 Bad Malente
Tel. 04523 98990
www.bad-malente.de

Schinkenräucherei
Stefan Petersen
Bahnhofstr. 23
23714 Bad Malente
Tel. 04523 2296

Basedow
Alter Schafstall/Schloss Basedow
Annette Gräfin von Hahn
Dorfstraße 10
17139 Basedow
Tel. 039957 20454
alterschafstall@aol.com
www.alter-schafstall-basedow.de

Benzin
Ziegelei Benzin-
Beschäftigungsgesellschaft mbH
Ziegeleiweg 8
19386 Benzin
Tel. 038731 8059
ziegelei-benzin@t-online.de
www.ziegelei-benzin.de
www.lehm-backsteinstrasse.de

Bleckede
Elbschloss Bleckede
Schlossstraße 10
21354 Bleckede
Tel. 05852 95140
Fax 05852 951499
info@elbschloss-bleckede.de
www.elbschloss-bleckede.de

Born
Kur- und Tourist GmbH Darß
Chausseestraße 75
18375 Born a. Darß
Tel. 038234 50421
Fax 038234 50431
info@darss.org
www.darss.org

Börstel
Damenstift Börstel
49626 Börstel
info@stift-börstel.de
www.boerstel.de

Brunsbüttel
Rathaus Brunsbüttel
Koogstraße 61–63
25534 Brunsbuettel
Tel. 04852 391-0
www.brunsbuettel.de

Atelier Jens Rusch
Schulstr. 38
25541 Brunsbüttel
Tel. 04852 4848

Burg Stargard
Tourist-Information
Burg Stargard
Am Markt 3
17094 Burg Stargard
Tel. 039603 20895
www.stargarder-land.de

Tourist Information Penzlin
Große Straße 4
17217 Penzlin
Tel. 03962 210064
www.penzlin.de

Bückeburg
Fürstliche Schlossverwaltung
Schlossplatz 1
31675 Bückeburg
Tel. 05722 909182
Fax 05722 909184
schlossbueckeburg@t-online.de
www.schloss-bueckeburg.de

Büsum
Kur und Tourismus Service
Büsum
Südstrand 11
25761 Büsum
Tel. 04834 9090
www.buesum.de

Kolles Alter Muschelsaal
Hafenstraße 27
25761 Büsum
Tel. 04834 2440
kolle-buesum@t-online.de

Clausthal-Zellerfeld
Landhaus Kemper
An der Trift 19
38678 Clausthal-Zellerfeld
(Buntenbock)
Tel. 05323 1774
Fax 05323 4529
harz@slowfood.de
www.landhaus-kemper.de

Dalwitz
Gut Dalwitz
Lucy Gräfin von Bassewitz
Dalwitz 44
17179 Walkendorf/Mecklenburg
Tel. 039972 56140
post@gutdalwitz.de
www.gutdalwitz.de

Dömitz
Dömitz Tourist-Information
Rathausplatz 1
19303 Dömitz
Tel. 038758 22112

Dömitzer Hafen-Gastronomie
Hafenplatz 3, 19303 Dömitz
Tel. 038758 364290
info@doemitzer-hafen.de
www.doemitzer-hafen.de

Dümmer
Touristinformation
Dümmerland
Große Straße 76
49459 Lembruch
Tel. 05447 242
Fax 05447 921572
www.duemmer.de

Ebergötzen
Wilhelm-Busch-Mühle
Mühlengasse 8
37136 Ebergötzen
Tel. 05507 7181
www.wilhelm-busch-muehle.de

Europäisches Brotmuseum e.V.
Göttinger Str. 7
37136 Ebergötzen
Tel. 05507 999498
www.brotmuseum.de

Eckernförde
Eckernförde Touristik
Am Exer 1
24340 Eckernförde
Tel. 04351 7179-0
www.ostseebad-
eckernfoerde.de

Fehmarn
Meereszentrum Fehmarn
Gertrudenthaler Str. 12
23769 Burg
Tel. 04371 4416
www.meereszentrum.de

Surfmuseumsverein Fehmarn
Strandallee Burgtiefe
23769 Stadt Fehmarn
Tel. 04371 3400
www.surfmuseum.de

Flensburg
Flensburg Tourismus GmbH
Rathausstraße 1
24937 Flensburg
Tel. 0461 9090920
www.flensburg-tourismus.de

Fredeburg
Wisentgehege Fredeburg
Revierförsterei Ravenskamp
23909 Fredeburg
Tel. 04541 3321

Demeterhof Domäne Fredeburg
Tel. 04541 862134
Fax 04541 862134
hofladen@domaene-fredeburg.de

Fredelsloh
Kunsttöpferei Klett
Kampweg 2
37186 Fredelsloh
Tel. 05555 416
www.toepferei-klett.de
www.bunzlauer-handtoepferei.de
www.fredelsloher-blaudruck.de
www.kerzen-atelier-kelterer.de
www.puppenwerkstatt-fredelsloh.de

Friedrichskoog
Tourismus-Service Friedrichskoog
Koogstr. 141
25718 Friedrichskoog
Tel. 04854 904940

Seehundstation
Friedrichskoog e.V.
An der Seeschleuse 4
25718 Friedrichskoog
Tel. 04854 1372
www.seehundstation-friedrichskoog.de

Graswarder
NABU Schleswig-Hosltein
Klaus Dürkop
Tel. 04362 8536
klausduerkop@graswarder.de
www.schleswig-holstein-nabu.de

Naturschutzwart Graswarder
Tel. 04362 6947

Gelting
Integrierte Station Geltinger Birk
Falshöft 11
24395 Nieby
Tel. 04643 1860911
nils.kobarg@stua-sl-aus.landsh.de
www.nieby.de

Glückstadt
Tourist Information Glückstadt
Große Nübelstraße 31
25348 Glückstadt
Tel. 04124 937585
Fax 04124 937586
www.glueckstadt-tourismus.de

Göhrde
Waldmuseum Göhrde
König-Georg-Allee 5
29473 Göhrde
Tel. 05855 675
info@waldmuseum-goehrde.de
www.waldmuseum-goehrde.de

Greifswald
Rathaus Greifswald
17489 Greifswald
Tel. 03834 521-0
www.greifswald.de

Eigenbetrieb See- und
Tauchsportzentrum Greifswald
Frau Kummer
Yachtweg 3
17493 Greifswald
Tel. 03834 841424
www.sssgreif.de

Groß Raden
Archäologisches
Freilichtmuseum
Slawenburg
19406 Groß Raden
Tel. 03847 2252
Fax 03847 451624
www.gross-raden.de

Groß Zecher
Gut Groß Zecher
»Zur Kutscherscheune«
Lindenallee 15
23883 Groß Zecher
Tel. 04545 801
Fax 04545 800
cafe@kutscherscheune.de
www.kutscherscheune.de

Gut Panker
Hessische Hausstiftung
Güterverwaltung/Gestütsleitung
24321 Panker
Tel. 04381 7071
www.gut-panker.de

Restaurant »Ole Liese«
24321 Gut Panker
Tel. 04381 90690
www.ole-liese.de

Güstrow
Güstrow Tourismus
Franz-Parr-Platz 10
18273 Güstrow
info@guestrow-tourismus.de
www.guestrow-tourismus.de

Gestüt Ganschow
18276 Ganschow
Tel. 038458 20226
gestuet.ganschow@t-online.de
www.gestuet-ganschow.de

Hamburg
Restaurant Williamine
Arthur Richelmann
Kleiner Schäferkamp 16
20537 Hamburg
Tel.: 040 444497
www.williamine.de

Kaffeemuseum Burg
Münsterstraße 23–25
22529 Hamburg
Tel. 040 55204258
Fax 040 55204261
info@kaffeemuseum-burg.de
www.kaffeemuseum-burg.de

Fischmarkt
St. Pauli Fischmarkt 2
20359 Hamburg

Hasetal
Samtgemeinde Artland
Markt 1
49610 Quakenbrück
Tel. 05431 182-0
Fax 05431 182-127
info@artland.de
www.artland.de

Heiligenrode
Klostermühle Heiligenrode
An der Wassermühle 1
28816 Stuhr
Tel. 04206 7394
rudolf.franke@muehle-heiligenrode.de

Helgoland
Helgoland Touristik
Lung Wai 28 (im Rathaus)
27498 Helgoland
Tel. 01805 643737
info@helgoland.de
www.helgoland.de

Herzberg
Stadt Herzberg am Harz
Marktplatz 30
37412 Herzberg am Harz
Tel. 05521 582-0
www.herzberg.de

Einhornhöhle
Haus Einhorn
Tel. 05521 997559
www.einhornhoehle.de

Hiddensee
Insel-Information Hiddensee
Norderende 162
18565 Vitte
Tel. 038300 64226
Fax 038300 64225
www.seebad-hiddensee.de

Hitzacker
Tourist-Information Hitzacker
Am Markt 7
29456 Hitzacker
Tel. 05862 96970
www.elbtalaue.de

Altes Zollhaus
Zollstraße 2
29456 Hitzacker
www.museum-hitzacker.de

Holle
Gutsschenke des Fürsten
zu Münster
Dieter und Dagmar Gerhardt
31188 Holle-Astenbeck
Tel. 05062 1866
Fax 05062 2418
www.gutsschenke.de

Husum
Theodor-Storm-Gesellschaft
Wasserreihe 31
25813 Husum
Tel. 04841 8038630
www.storm-gesellschaft.de

Tourismus und
Stadtmarketing Husum
Großstr. 27, 25813 Husum
Tel. 04841 8987-0
www.husum-tourismus.de

Ippenburg
Viktoria Freifrau
von dem Bussche
Ippenburg Festival
Schloss Ippenburg
49152 Bad Essen
Tel. 05472 4475
Fax 05472 2764
info@ippenburg.de
www.ippenburg.de

Jade
Gemeinde Jade
Jader Straße 47
29349 Jade
Tel. 04454 899-0
Fax 04454 899-10
gemeinde@jade.kdo.de
www.gemeinde-jade.de

Kiel
Tourist Information Kiel
Tel. 01805 656700
www.kiel.de

Schleswig-Holsteinisches
Freilichtmuseum
Hamburger Landstr. 97
24113 Molfsee
Tel. 0431 65966-0
www.freilichtmuseum-sh.de

Königslutter
Fremdenverkehrsamt
Königslutter
Am Markt 1
38154 Königslutter am Elm
Tel. 05353 912129
Fax 05353 912155
fremdenverkehrsamt@
koenigslutter.de
www.koenigslutter.de

Lauenburg
Lauenburg/Elbe
Amtsplatz 4
21481 Lauenburg/Elbe
Tel. 04153 51251
Fax 04153 5909299
touristik@lauenburg.de
www.lauenburg.de

Lelkendorf
Haustierpark Lelkendorf
Alte Dorfstraße 20
17168 Groß Markow
Tel. 039956 29509
www.haustierpark-lelkendorf.de

Koi-Tempel Scholz
Parkweg 1, 17168 Lelkendorf
Tel. 039956 29146

Lewitz
Jagdschloss Friedrichsmoor
Schlossallee 10
19306 Friedrichsmoor
Tel. 038757 54571

www.jagdschloss-
friedrichsmoor.de
Wiesenmeisterei Tuckhude
Tel. 038757 238000
www.wiesenmeisterei-
tuckhude.de

Ludwigslust
Stadt Ludwigslust
Schlossstr. 38
19288 Ludwigslust
Tel. 03874 5260
www.stadtludwigslust.de

Staatliches Museum Schwerin
Schloss Ludwigslust
Schlossfreiheit 7
19288 Ludwigslust
Tel. 03874 57190

Lübeck
Welcome Center
(Tourist-Büro) Lübeck
Holstentorplatz 1, 23552 Lübeck
Tel. 0451 8899700
info@luebeck-tourismus.de
www.luebeck-tourismus.de

Lüneburg
Deutsches Salzmuseum
Industriedenkmal Saline
Lüneburg
Sülfmeisterstraße 1
21335 Lüneburg
Tel. 04131 45065
Fax 04131 45069
info@salzmuseum.de
www.salzmuseum.de

Meldorf
Schleswig-Holsteinisches
Landwirtschaftsmuseum
Jungfernstieg 4
25704 Meldorf
Tel. 04832 979390
www.landwirtschaftsmuseum-schleswig-holstein.de

Museumswerkstätten
Papenstr. 2
25704 Meldorf
Tel. 04832 999660

Mölln
Kurverwaltung Mölln
Hindenburgstraße
23879 Mölln
Tel. 04542 7090 und 7099
ferien@moelln.de
www.moelln.de
www.eulenspiegelfestspiele.com

Neuhaus
Wilpark Neuhaus
Hirtenweg 12
37603 Holzminden-Neuhaus
Tel. 05536 222
www.wildpark-neuhaus.de

Führungen durch den Hutewald
Info Naturpark Solling-Vogler
Tel. 05536 1313

Neustrelitz
Touristinformation
der Stadt Neustrelitz
Strelitzer Straße 1
17235 Neustrelitz
Tel. 03981 253-119
Fax 03981 2396870
www.neustrelitz.de

Neuwerk
Dirk Fock
Am Flockengrund 21
27476 Cuxhaven
Tel. 04721 201093
Fax 04721 291538
info@fock-cuxhaven.de
www.fock-cuxhaven.de

Nienhagen
Kurverwaltung Nienhagen
Strandstraße 16
18211 Ostseebad Nienhagen
Tel. 038203 81163
Fax 038203 747562
info@ostseebad-nienhagen.de
www.ostseebad-nienhagen.de

Nordstrand
Schäferei Baumbach Hofladen
Pohnshalligkoogstraße 1
25845 Nordstrand
Tel. 04842 495
BaumbachNordstr@t-online.de

Kurverwaltung Nordstrand
Schulweg 4, 25845 Nordstrand
Tel. 04842 454 oder 19433
www.nordstrand.de

Northeim
Obere Straße 1
37154 Northeim
Tel. 05551 9080777
Fax 05551 919059
info@theater-der-nacht.de
www.theater-der-Nacht.de

Osterode
Tourist-Information Osterode
Dörgestr. 40
37520 Osterode
Tel. 05522 318360
www.osterode.de

Daniel Wehmeyer
Düna 16
37520 Osterode
Tel. 05522 74854
www.roteshoehenvieh.com

Plön
Tourist Info Plön
Bahnhofstraße 5
24306 Plön
Tel. 04522 50950
Fax 04522 50952-0
touristinfo@ploen.de

Poel
Kurverwaltung Ostseebad
Insel Poel
Wismarscher Straße 2
23999 Ostseebad Insel Poel/
OT Kirchdorf
Tel. 038425 20347
Fax 038425 4043
www.insel-poel.de

Prerow
Kur- und Tourismusbetrieb
des Ostseebades Prerow
Gemeindeplatz 1
18375 Prerow
Tel. 038233 6100
Fax 038233 61020
www.ostseebad-prerow.de

Ratzeburg
Ratzeburger Fischerei
Schlosswiese 2
23909 Ratzeburg
Tel. 04541 3559

Ratzeburg-Information
Rathaus
Unter den Linden 1
23909 Ratzeburg
Tel. 04541 858565
www.ratzeburg.de

Redefin
Landgestüt Redefin
19230 Redefin
Tel. 038854 6200
Fax 038854 62011
info@landgestuet-redefin.de
www.landgestuet.redefin.de

Reitlingstal
Tourismusgemeinschaft
Elm-Lappwald e.V.
Rosenwinkel 8
38350 Helmstedt
Tel. 05351 1211444
www.elm-lappwald.de

Rendsburg
Stadt Rendsburg
Am Gymnasium 4
24768 Rendsburg
Tel. 04331 2060
Fax 04331 206270
www.rendsburg.de

Rosengarten
Freilichtmuseum am Kiekeberg
Am Kiekeberg 1
21224 Rosengarten (Ehestorf)
Tel. 040 7901760
info@kiekeberg-museum.de
www.kiekeberg-museum.de

Rostock
Tourist-Information Rostock
Neuer Markt 3
18055 Rostock
Tel. 0381381 2222
www.rostock.de

Forst- und Köhlerhof Wiethagen
18182 Rostock-Wiethagen
Tel. 038202 2035
www.koehlerhof-wiethagen.de

Röbel
Stadt Röbel
Marktplatz 1
17207 Röbel/Müritz
Tel. 039931 800
Fax 039931 80111
stadtinfo.roebel@t-online.de
www.m-vp.de

Rügen/Putbus
Tourismuszentrale Rügen GmbH
Bahnhofstr. 15
18528 Bergen auf Rügen
Tel. 03838 807780
Fax 03838 254440
info@ruegen.de
www.ruegen.de

Rügen/Kreidefelsen
Nationalpark Jasmund
Tel. 038392 661766
info@koenigsstuhl.com
www.koenigsstuhl.com

Peene
Stolper Fährkrug
Peenestraße 33
17391 Stolpe bei Anklam
Tel. 03972 1550-0
info@gutshaus-stolpe.de
www.gutshaus-stolpe.de

Anklam-Information
Markt 3, 17389 Anklam
Tel. 03971 835154

Sangershausen
Europa-Rosarium
Steinberger Weg 3
06526 Sangerhausen
Tel. 03464 572522
www.europa-rosarium.de

Satemin
Markthof Satemin
Satemin Nr. 25
29439 Lüchow/Wendland
Tel. 05841 709230
Fax 05841 7091230
marketing@satemin.de
www.markthof-satemin.de

Schleswig
Schloss Gottorf
24837 Schleswig
Tel. 04621 8130
Fax 04621 813555
info@schloss-gottorf.de
www.schloss-gottorf.de

Schmilau
Oliver Victor
Am Bahnhof im Zug
23911 Schmilau
Tel. 04541 898074
www.3muskelticket.de

Bockhop Erdbeeren
Randolph Bockhop
Möllner Str. 19a
23911 Schmilau
www.frische-erdbeeren.de

St. Andreasberg
Bergwerksmuseum
Grube Samson
und Kanarienvogel-Museum
Am Samson 2
37444 Sankt Andreasberg
Tel. 05582 1249
Fax 05582 923051
grube_samson@t-online.de
www.harzer-roller.de

Soltau
Norddeutsches
Spielzeugmuseum
Poststraße 7, 29614 Soltau
Tel. 05191 82182
www.spielzeugmuseumsoltau.de

Atelier Steffi's Art
Stefanie Klymant
Stübeckshorn Nr. 8
29614 Soltau
Tel. 05190 272
www.steffisart.de

Spiekeroog
Nordseebad Spiekeroog
Postfach 11 60
26466 Spiekeroog
Tel. 04976 9193-101
Fax 04976 9193-213
info@spiekeroog.de
www.spiekeroog.de

Stadthagen
Stadtmarketing Stadthagen e.V.
Am Markt 1, 31655 Stadthagen
Tel. 05721 925065
Fax 05721 925055
info@stadtmarketing-stadthagen.de
www.stadtmarketing-stadthagen.de

Steinhude
Kutschfahrten
Bernd Hildebrandt
Brinkstr. 20a
31515 Wunstorf-Idensen
Tel. 05031 912253
www.kutschtouren.de

Schmetterlingsfarm
und Insektenmuseum
Am Knick 5
31515 Steinhude
Tel. 05033 939451
www.schmetterlingsfarm.de

Schwerin
Staatliches Museum Schwerin
Alter Garten 3
19055 Schwerin
Tel. 0385 59580
Fax 0385 563090
info@museum-schwerin.de
www.schloss-schwerin.de

Sylt
Sylt Marketing GmbH
Stephanstr. 6
25980 Westerland
Tel. 04651 82020
www.sylt.de

Dittmeyer's
Austern-Compagnie GmbH
Hafenstr. 10–12
25992 List auf Sylt
Tel. 04651 870860
www.sylter-royal.de

Tellow
Tourismusverband
Mecklenburgische Schweiz e.V.
Am Bahnhof
17139 Malchin
Tel. 03994 299781
Fax 03994 299788
info@mecklenburgische-schweiz.com
www.mecklenburgische-schweiz.com

Ulrichshusen
Wasserschloss Ulrichshusen
Seestraße 14
17194 Ulrichshusen
Tel. 039953 7900
Fax 039953 79099
info@gut.ulrichshusen.de
www.gut-ulrichshusen.de

Warberg
Schloss Warberg
An der Burg 3
38378 Warberg
Tel. 05355 961104
info@burg-warberg.de
www.burg-warberg.de

Wingst
Kamelienzucht Peter Fischer
Höden 16
21789 Wingst
Tel. 04778 263
Fax 04778 274
fischer@kamelie.de
www.kamelie.de

Wismar
Tourist-Information Wismar
Am Markt 11
23966 Wismar
Tel. 03841 19433
www.wismar.de

Förderverein Poeler Kogge e.V.
Lübsche Str. 95
23966 Wismar
Tel. 03841 227249
www.poeler-kogge.de

Wolfenbüttel
Tourist-Information
Wolfenbüttel
Stadtmarkt 7
38300 Wolfenbüttel
Tel. 05331 86280
touristinfo@wolfenbuettel.com
www.wolfenbuettel-tourismus.de

Worbis
Alternativer Bärenpark Worbis
Duderstädter Str. 36 a
37339 Leinefelde-Worbis
Tel. 036074 92966
Fax 036074 30665
worbis@baer.de
www.baer.de

Zarrentin
Amt Zarrentin
Frau Marwedel
Kirchplatz 1
19246 Zarrentin
Tel. 038851 838105
Fax 038851 25488
www.amt-zarrentin.de
www.kloster-zarrentin.de